ZHŌNGGUÓTŌNG

Stages A & B

Zhōngguótōng Stages A & B student book was developed by the National Chinese Curriculum Project team in Victoria.
JULIE RILEY: Coordinator Stages A & B, curriculum writer
TANG YING: Computer operator, graphic artist and materials developer

ZHŌNGGUÓTŌNG

Stages A & B

National Chinese Curriculum Project

Department of School Education, Victoria

Curriculum CORPORATION

Published by Curriculum Corporation
ACN 007 342 421
St Nicholas Place
141 Rathdowne St
Carlton Vic 3053
Australia
Tel: (03) 9639 0699
Fax: (03) 9639 1616

National Library of Australia
Cataloguing-in-publication data

Zhōngguótōng. Stages A & B.

ISBN 1 86366 117 4.

1. Chinese language — Textbooks for foreign speakers — English.
2. Chinese language — Composition and exercises — Juvenile literature.
I. Victoria. Dept. of School Education. II. National Chinese
Language Curriculum Project (Australia). III. Curriculum Corporation
(Australia). (Series: National curriculum guidelines for Chinese.)

495.182421

Edited by Sally Moss, White Kite Productions
Designed by Lauren Statham, Alice Graphics
Illustrations by Xiangyi Mo and Minopher
Typeset in K-ti by Australian Chinese Press,
    and Century Old Style and Avant Garde by Abb-typesetting
Printed in Australia by Impact Printing

Project team acknowledgements

As Coordinator of Stages A & B of the National Chinese Curriculum Project, I wish to acknowledge the contribution of the following groups and individuals to the development of the Stages A & B materials.

The Asian Studies Council and later the Department of Employment, Education and Training (DEET), as the funding bodies, initially made the Project possible. The Asian Studies Council's Projects Adviser, Jim Wilson, has been supportive and active in conveying reflections and concerns between the project team and the Council. Lineke Spooner of DEET has continued this support.

The Department of School Education, Victoria, had direct management responsibility for the Project and provided administrative and curriculum support to the project team. In particular, I am grateful to Ian Adams, Pam Imberger and Dina Guest for their professional commitment to the ongoing development, smooth running and successful completion of *Zhōngguótōng*.

The National Reference Group, chaired by Professor Colin Mackerras and including representatives from the Asian Studies Council and DEET, all State Education Authorities, National Catholic Education Commission, National Council of Independent Schools, the Australian Language Levels (ALL) Project, National Assessment Framework for Languages at Senior Secondary Level (NAFLaSSL) and classroom teacher representatives, provided support and guidance throughout the developmental stage of the Project. The Australian Language Levels (ALL) Guidelines Project team, especially Angela Scarino, David Vale and Penny McKay as authors of the *ALL Guidelines*, which this Curriculum has used as a fundamental reference, provided unstinting consultative guidance and inservice support.

The National Teacher Support Group provided guidance and content input, feedback on materials and a network to other teachers. Members of this group included Julia Fry (NSW), May Kwan (Qld), Connie Khoo (SA), Elsa Gibbons (NT), Mei chu Ma (Vic), My hoa Lam (Vic), and Cissy Chung (Vic). In addition, I am grateful to the several teachers and principals in primary schools in Queensland, New South Wales, Victoria and South Australia who invited me to observe and discuss their Chinese programs, thus contributing greatly to my understanding of the teaching and learning of Chinese at a national level.

Others whose interest and contribution are greatly appreciated include Mo Xiangyi and Wang Jingwen, who are responsible for the outstanding artwork of the *Images of China* visual materials. Lin Zhang, Tang Ying, Gao Baoqiang, Wang Shijing and Lee Yan-Qing were enthusiastic and capable performers on the supporting audio cassette tape. Lin Zhang also assisted with the writing of units for the Stage A Lower Primary Syllabus. Sarina Greco (Catholic Education Office) and Dr Ren Guanxin proofread draft documents and provided detailed comments and constructive suggestions. Dr Cathie Elder, of the National Languages and Literacy Institute of Australia, provided consultancy on assessment. Dr Jane Orton (University of Melbourne Institute of Education) has provided support and advice in organising workshops on the *Zhōngguótōng* materials. Professor Li Gengxin and Professor Zhang Dexin (Australia–China Education Cooperation Program) provided guidance on the development of a grammar framework and vocabulary lists. Suzanne Rice advised on, and proofread, the songs.

Above all, I am professionally and personally grateful to my colleagues in the National Chinese Curriculum Project, Mara Pavlidis and Tang Ying. *Zhōngguótōng* could not have been successfully completed without their knowledge, skill, creativity, unending enthusiasm, encouragement and support.

Julie Riley
Coordinator, Stages A & B

Contents

Stage A

Middle to Upper Primary

Why study Chinese?

Here are seven good reasons for studying Chinese. You might think of some others.

1 Learning Chinese can open up a big, new world to you.

2 It can help you build friendships with Chinese people all over the world.

3 China is a big and important country. One out of every five people in the world is Chinese. Throughout the world 900 million people speak Mandarin Chinese and 400 million speak English.

4 Learning Chinese lets us see the world through fresh eyes.

5 Chinese people have been part of Australia's community and culture for at least 150 years. Our nation will live in greater harmony if we can understand and benefit from the way in which these people have contributed to our society.

6 Australia will be more prosperous if we continue to improve our relationships with China and other Chinese communities throughout Asia.

7 Learning Chinese could lead to exciting job opportunities when you grow up.

Well, Marie, I know you're a good engineer. I've also heard you've learned Chinese. The company has an opportunity to pick up a big contract in China, and there's this job I have in mind . . .

Australia–Asia Engineering Pty Ltd

• Can you think of other good reasons for studying Chinese?

What do you know about China?

- Do you know the name of China's capital city?

- Can you name some other big cities in China?

- Do you know the names of two great rivers of China?

- China has some of the most beautiful mountains in the world. See if you can find pictures of some of them and bring them to class.

- The world has many magnificent structures built with human hands. China has one that can even be seen from satellites and rockets orbiting the earth. Do you know what that landmark is?

- Can you name an animal that is unique to China? Do you know where its habitat is?

- Can you name other places in Asia that have a Chinese population? Find these places on a world map.

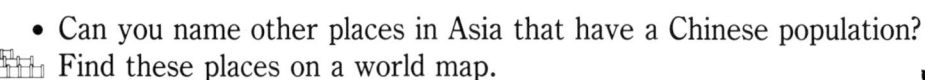

Chinese writing

A story is told how, once upon a time, in ancient China, a very wise man was strolling through the forest one day. He observed the footprints of many birds and animals. He was inspired to draw pictures to represent the animals.

4000 years ago . . .   . . . Today

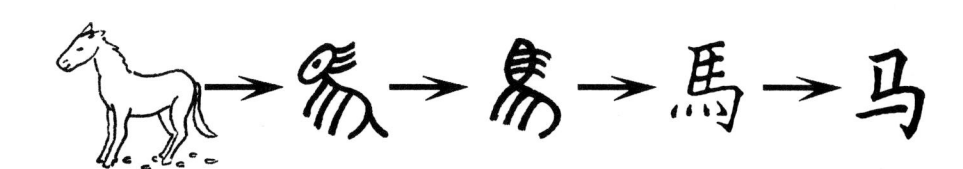

The wise man is then said to have developed more symbols to represent other objects and ideas.

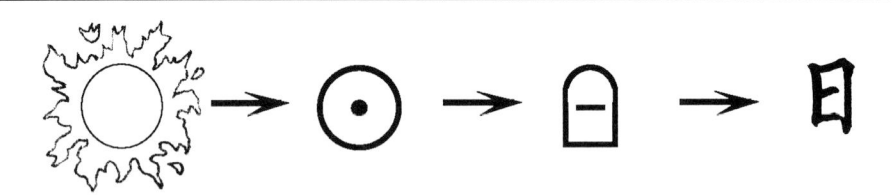

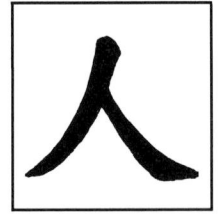

The earliest Chinese symbols we know about were engraved on bones and tortoise shells about four thousand years ago. The messages they contained were like prayers to gods and the dead from the leaders of the people.

Over the thousands of years since then, these simple pictures have changed, and many more symbols have been added. About two thousand years ago, the Chinese began writing with brushes on paper and silk. The style became softer and more curved. The leaders were not the only ones who could write; all the scholars could, too — and not just to dead people and gods, but to all living people who could read.

Nowadays, there are thousands of symbols representing all the objects, ideas and abstract words people need in order to communicate with each other in writing. Because these symbols began as pictures and later became writing, they are now known as *pictographs*.

Thinking about symbols

Imagine that you are an ancient king living in China three thousand years ago. You have decided that it takes your message engravers far too long to carve pictures of objects and ideas. It would be much faster if the pictures could be made more simple; for example, just an outline — a symbol — as a written word.

Here are some of the pictures you want to change:

- Look at the examples on pages 7 and 8 and create your own symbol for each of the above pictures.

- Your teacher will give you a scrambled list of how these ancient pictures are written in China today. Compare your version with the list. Can you make a correct match?

- Copy the modern versions and write their English meanings.

Your new symbols are a great success. You can now communicate much more quickly and more often with the Other World, but you want to tell and ask the gods more. More symbols (words) are needed. You have a bright idea! Why not join together some already-familiar symbols to make a new word?

These are the symbols you have to work with:

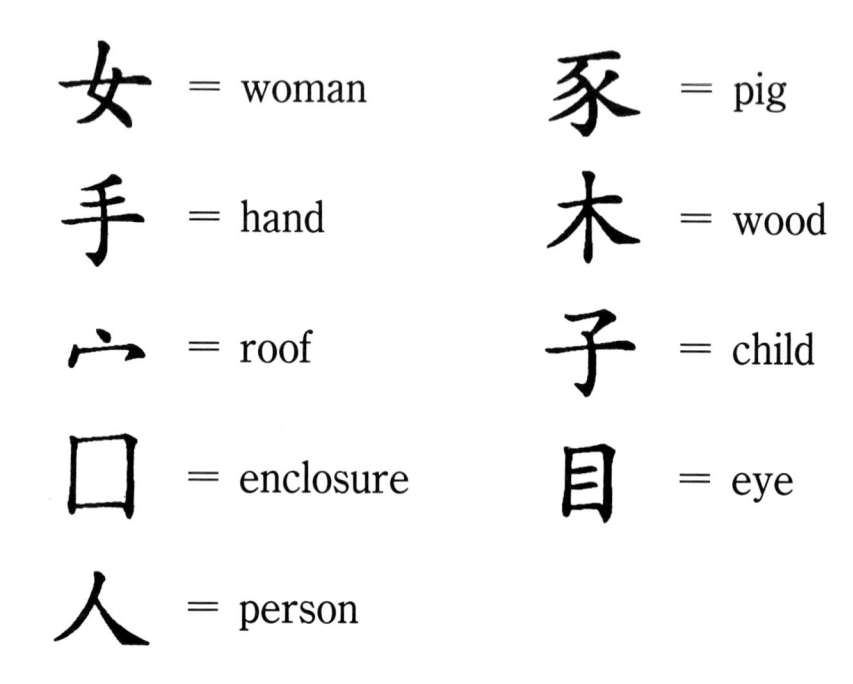

女 = woman
手 = hand
宀 = roof
口 = enclosure
人 = person

豕 = pig
木 = wood
子 = child
目 = eye

- Choose a combination of two symbols (or the same symbol used twice) to form a new symbol for the following words. (You can arrange them side by side, one inside the other, or one above the other.)

good	forest
peaceful	look
home	prisoner

- When you have finished, share your ideas with your classmates.

- Your teacher will give you a scrambled list of how these words are actually written in China today. Try to work out a correct match. How do they compare with your own ideas?

- Copy the correct Chinese words and write their English meaning.

- Make a collection of symbols that people all over the world can understand, for example:

Imagine you are inventing a new way of writing that uses symbols instead of letters to make words.

Some will be pictures of things; for example, instead of *day*, you could write the picture symbol ⋮○⋮.

Some will be clever additions to a picture to get across an idea; for example, instead of *today*, *yesterday* and *tomorrow*, you could write these symbols:

  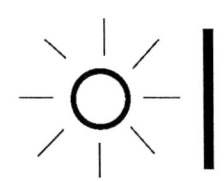

Of course, for words like *it*, *this*, *with*, *have*, and lots of others, you will probably have to make up a symbol — perhaps △ for *it*, or # for *have*.

- Get together with a group of classmates and work out a new way of writing these announcements:

  "Today the weather will be cloudy and cold with scattered showers."

  "Tonight this channel will be showing the excellent movie *Star Wars*."

  "Remember: when you ride a bike always wear a helmet."

- Now teach other groups of classmates your new written language, and learn theirs.

- Look at how these three announcements would be written in Chinese.

今天天气多云，寒冷，有阵雨。

今晚这个频道有好电影《星球大战》。

记住骑自行车时要戴安全帽。

Remember that you are looking at stylised symbols which represent words; they are not letters. There are no letters in Chinese.

Chinese characters

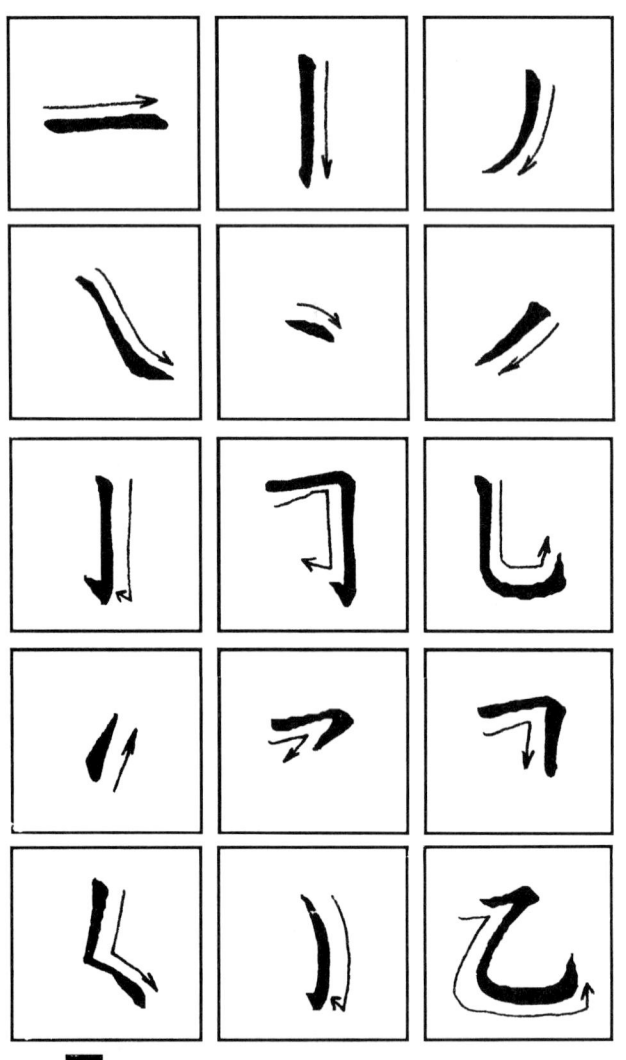

We call Chinese word symbols "characters".

Characters are made up of strokes. The basic strokes that make up Chinese characters are shown here.

Before you start writing characters, practise writing these strokes. Be sure always to write them in the directions shown by the arrows.

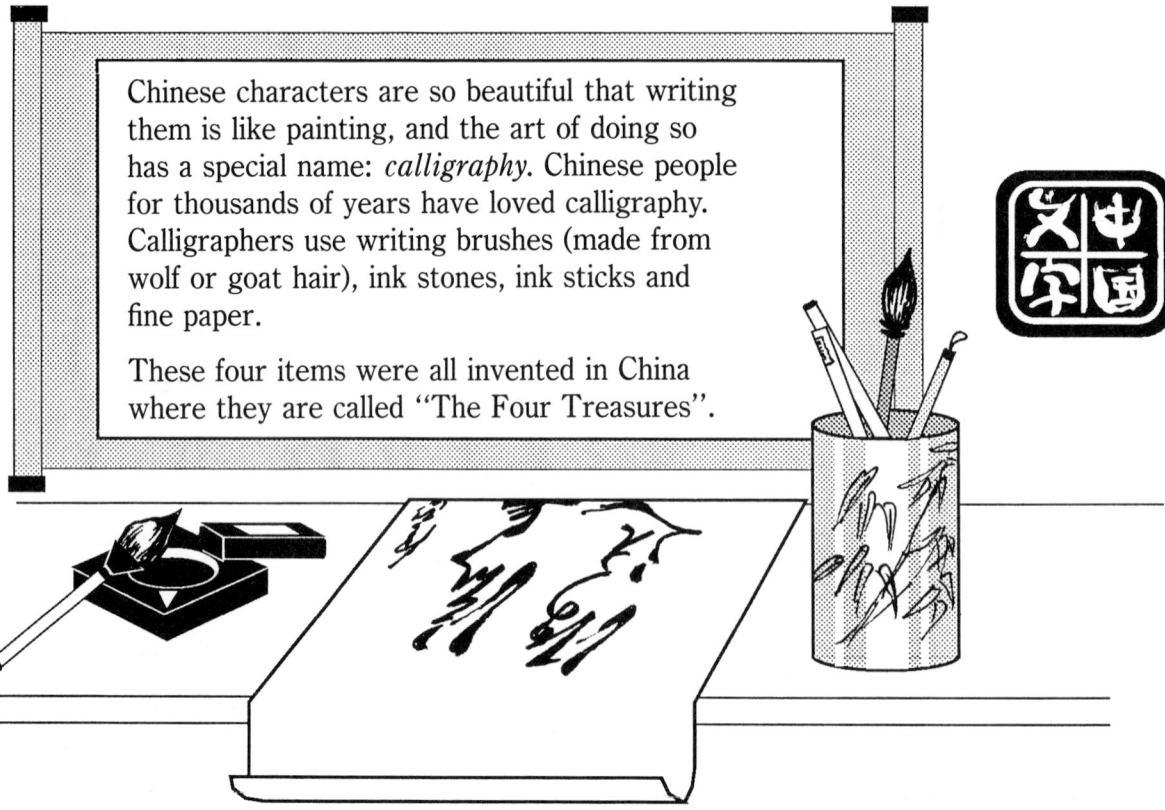

Chinese characters are so beautiful that writing them is like painting, and the art of doing so has a special name: *calligraphy*. Chinese people for thousands of years have loved calligraphy. Calligraphers use writing brushes (made from wolf or goat hair), ink stones, ink sticks and fine paper.

These four items were all invented in China where they are called "The Four Treasures".

The strokes that make up Chinese characters must be written in a certain order: generally from top to bottom and from left to right.

- Practise writing the simple characters below. Be sure to write the strokes in the correct order and direction. Try writing them using a Chinese writing brush and ink. Can you work out the meaning of the characters from the pictures? Check with your teacher to see whether you are correct.

Pinyin

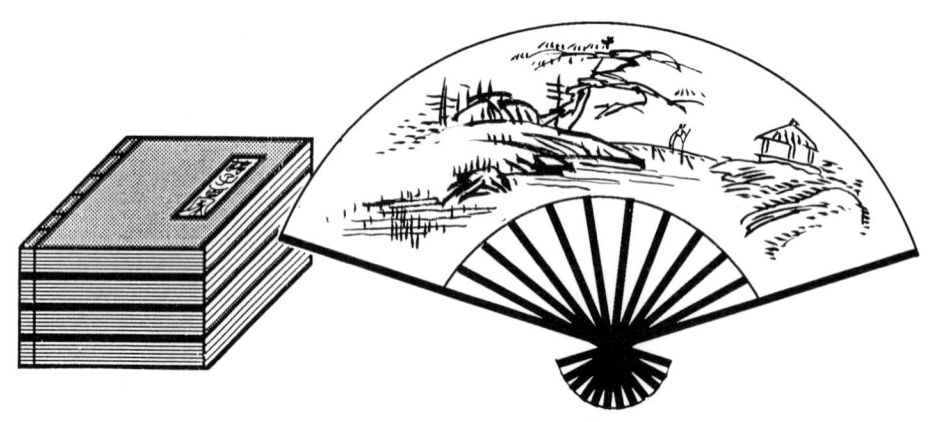

Because Chinese characters are symbols, not groups of letters with sounds, we use words with letters under the characters to help us learn to pronounce them. These words are called "pinyin".

The numbers one to ten are written below in Chinese characters. The word written in alphabetic letters underneath each character is pinyin. This word tells you how to pronounce the character so you can read aloud from one to ten in Chinese.

一 yī	二 èr	三 sān	四 sì	五 wǔ
六 liù	七 qī	八 bā	九 jiǔ	十 shí

Once you remember how to read and write a character, you no longer need to use the pinyin. It is just a tool to help you learn.

Now, what about the marks above the letters in the pinyin words? These are "tone marks". You will learn about Chinese "tones" later.

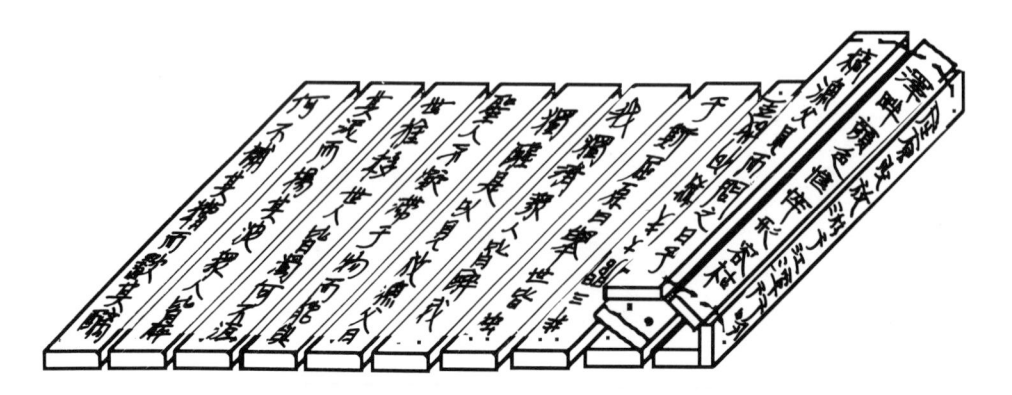

Chinese speech

You are learning the national language of China. Within China, it is called "Pǔtōnghuà", which means "the common language". In English, an old-fashioned way of describing it is to call it "Mandarin" Chinese.

The national language of China is also used in other Chinese communities in Asia, such as Taiwan and Singapore, but there it is called "Guóyǔ" or "Huáyǔ", both of which mean "the national language".

There are many other kinds of Chinese which sound very different from "Pǔtōnghuà". The Chinese that is spoken by many Chinese–Australians is Cantonese.

- Look at a map of China with English labels. Can you work out where Cantonese is spoken?

- See if you can find out the names of some other kinds of Chinese language.

Using tones

If you look at the numbers one to ten on page 14, you will see that the pinyin words for each of the numbers have strokes above them. These strokes tell us which tone to say the number in. The first tone is written like this: "–", as in "sān" (the number three). It tells us to keep our voices even. The second tone, "ʹ", tells us to push our voice upward, as in "shí" (the number ten). The third tone, "ˇ", sends our voice down then up, in a curve, as in "wǔ" (the number five). And the fourth tone, "ˋ", means to push our voice downward, as in "èr" (the number two).

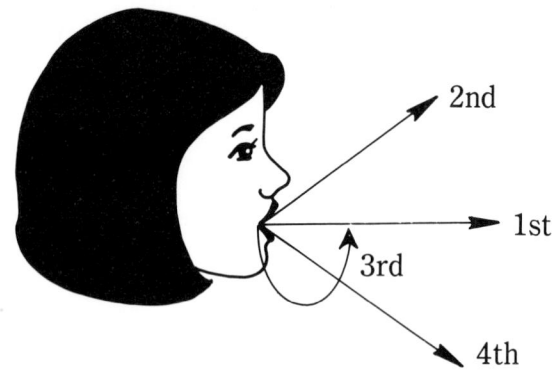

In Chinese the same sound can mean something quite different when spoken in different tones. Look at this example:

Characters	妈	麻	马	骂
Pinyin	mā	má	mǎ	mà
English	mother	flax	horse	scold

• Can you work out the meaning of each of these sentences?
  1 Mā mà mǎ.
  2 Mǎ mà mā.

• With your teacher's help, have some fun with this tongue twister:

妈妈骑马，
Māma qí mǎ,

马慢，
mǎ màn,

妈妈骂马。
māma mà mǎ.

十 个 小 孩 子
Shí ge xiǎo háizi

(Sung to the tune of "Ten Little Indians"

一个，两个，三个小孩子，
Yí ge, liǎng ge, sān ge xiǎo háizi,

四个，五个，六个小孩子，
sì ge, wǔ ge, liù ge xiǎo háizi,

七个，八个，九个小孩子，
qī ge, bā ge, jiǔ ge xiǎo háizi,

十个小孩子。
shí ge xiǎo háizi.

小 小 明
Xiǎo Xiǎo Míng

(A rhyme with actions)

小 明，小 明，
Xiǎo Míng, Xiǎo Míng,

小 小 明。
Xiǎo Xiǎo Míng,

上 上 下 下，
Shàng shàng xià xià,

左 左 右 右，
Zuǒ zuǒ yòu yòu,

前 前 后 后，
Qián qián hòu hòu,

嘀 哒 嘀 哒 嘭。
Dida dida peng.

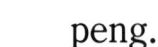

平 板 平
Píng bǎn píng

(A rhyme with actions)

clap with hands flat

平平 板板

clap your partner's(s') hands with hands flat

上上

下下

clap up high

clap down low

右右

clap right

前前

clap left

左左

后后

clap in front

clap behind

锤

roll hands forward

make a fist

平 板 平 板，
Píng bǎn píng bǎn,

平 平 板 板，
Píng píng bǎn bǎn.

上 上 下 下，
Shàng shàng xià xià,

左 左 右 右，
Zuǒ zuǒ yòu yòu,

前 前 后 后。
Qián qián hòu hòu.

轱 辘 轱 辘 锤，
Gūlu gūlu chuí,

轱 辘 轱 辘 叉，
Gūlu gūlu chā,

轱 辘 轱 辘 一 个，
Gūlu gūlu yí ge,

轱 辘 轱 辘 仨*，
Gūlu gūlu sā,

决 出 胜 负 再 回 家。
Jué chū shèngfù zài huí jiā.

*仨 (sā) = 三

roll hands forward

two fingers point

roll hands forward

finger points

roll hands forward

three fingers point

hands behind back

choose — "Paper!" "Scissors!" "Hammer!"

我 的 朋 友 在 哪 里？
Wǒde péngyou zài nǎli?

一二三四 五六七，　　我的朋友 在哪里?

在这里 在这里 我的朋友 在这里?

一 二 三 四 五 六 七，

Yī　èr　sān　sì　wǔ　liù　qī,

我 的 朋 友 在 哪 里？

Wǒde　　péngyou　zài　　nǎli?

在 这 里，在 这 里，

Zài　zhèli,　　zài　　zhèli,

我 的 朋 友 在 这 里。

Wǒde　　péngyou　zài　　zhèli.

字 园
Zìyuán
Garden of characters

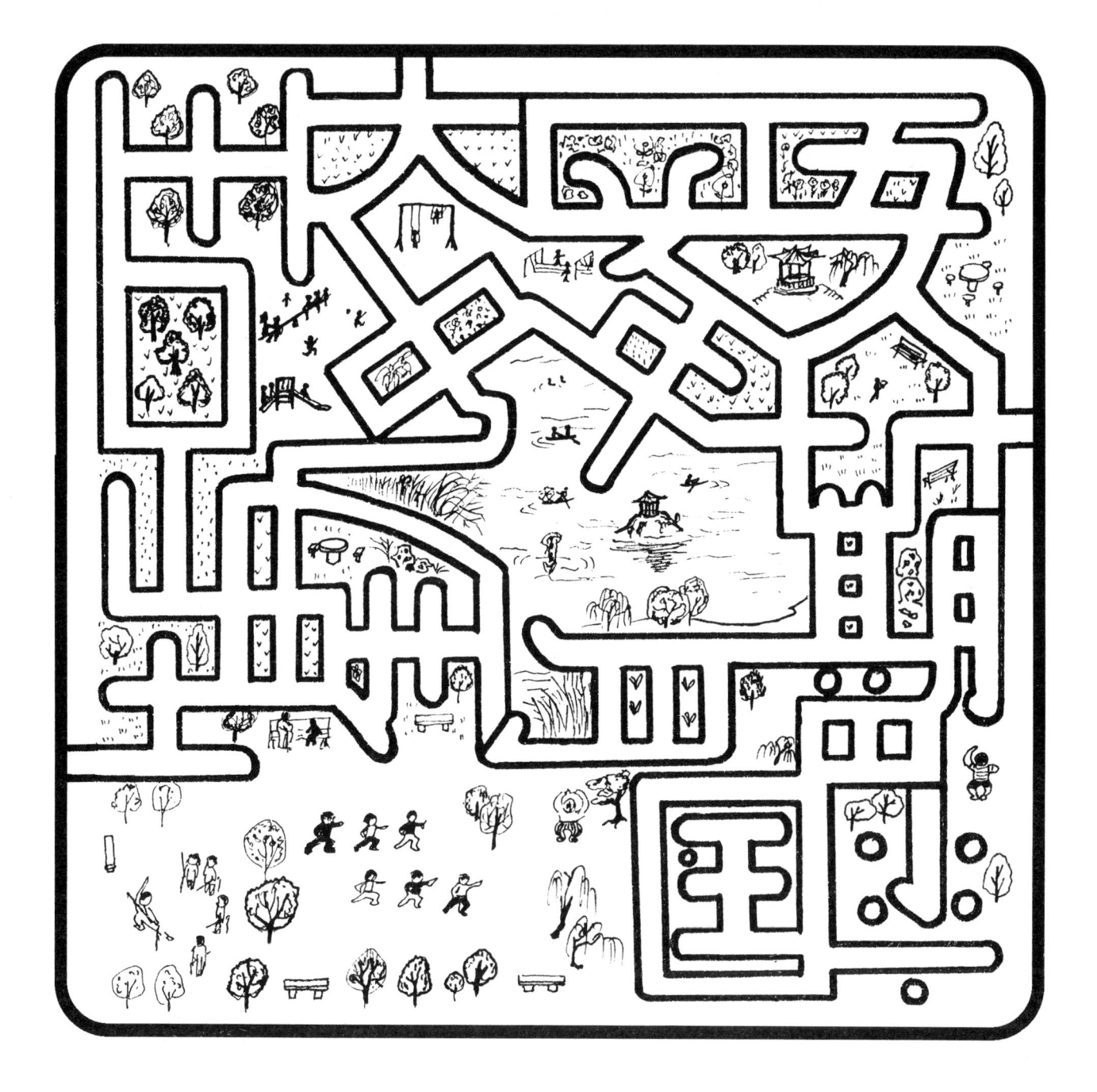

- As you find your way through the garden, see whether you can find twenty characters in the pathway, and write them in your exercise book. (You can start anywhere and move in any direction you like.)

Character jigsaw

Your teacher will give you a copy of the jigsaw below.

- Cut up the pieces in Set 1 and arrange them as shown in Set 2. Can you read the characters you have formed? If not, check that you have matched the numbers correctly.

Set 1

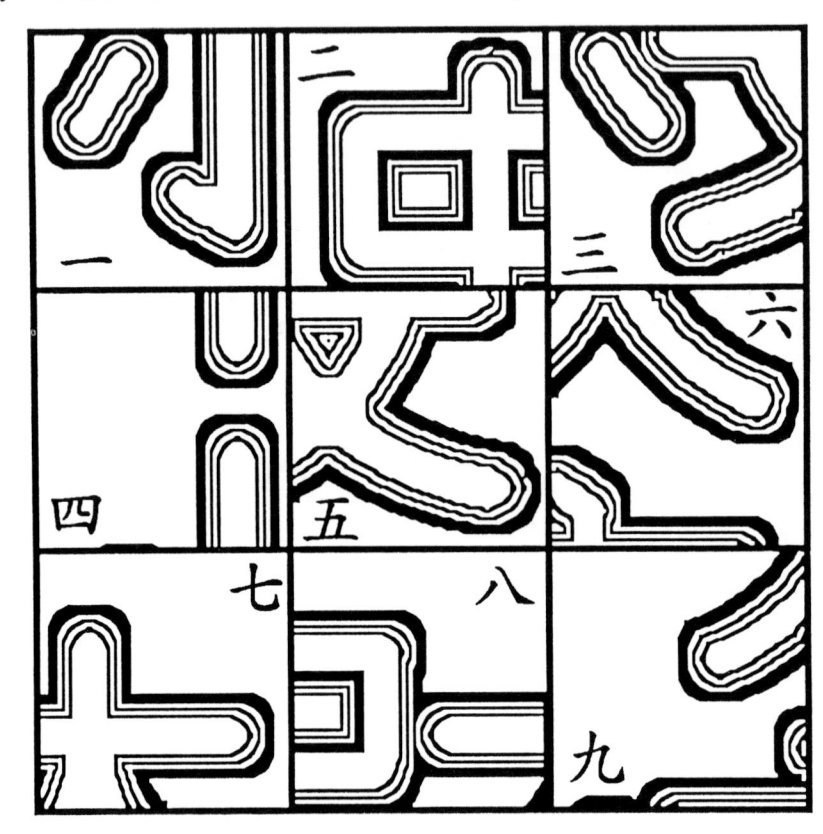

Set 2

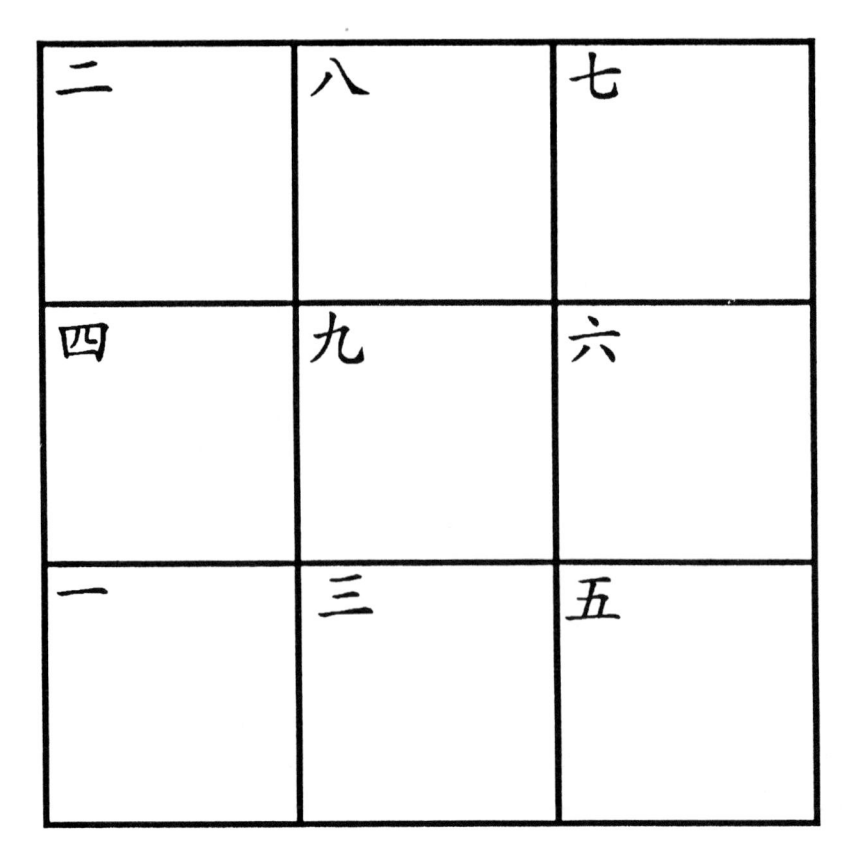

Character study:

家

Jiā

The following drawings and stories explain how some characters developed.

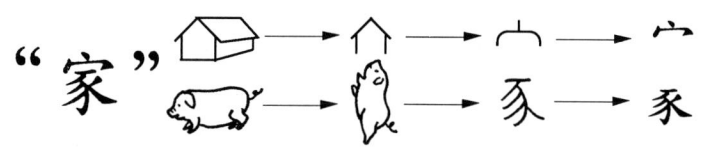

In ancient China every household raised pigs, so that whenever people noticed a plump, tame pig they would associate it with fond thoughts of home. Thus the character for "home" became 家 — a pig under shelter. It also means "family". So, for Chinese people, home and family are the same thing.

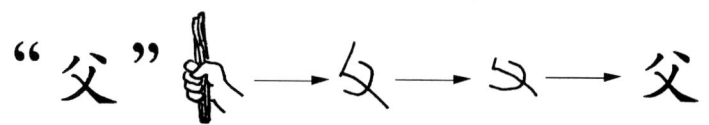

The character " 父 " is actually a picture of a stick grasped in someone's hand. This was a symbol for firmness and authority in Chinese families. Thus 父 became the character for "father".

- Here are some other pictographs related to people. Can you work out what they mean?

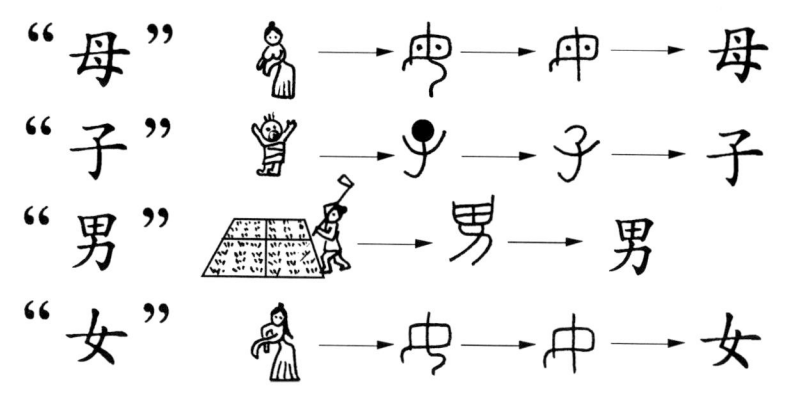

- What do these pairs of characters mean? What do they have in common?

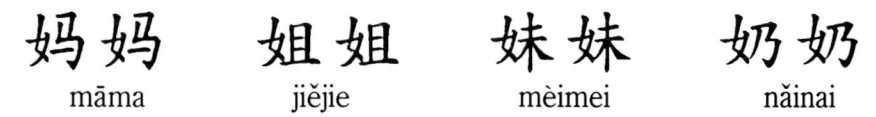

妈妈　　姐姐　　妹妹　　奶奶
māma　　jiějie　　mèimei　　nǎinai

- These are pairs of characters used for some of the males in a family.

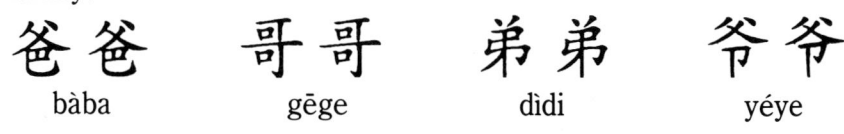

爸爸　　哥哥　　弟弟　　爷爷
bàba　　gēge　　dìdi　　yéye

- Which two pairs above have something in common? Why do you think the other two pairs of characters don't have this symbol as part of them?

我 们 这 样 子 来 帮 忙

Wǒmen zhèyàngzi lái bāng máng

1 我们这样子 来帮忙， 来帮忙， 来帮忙，
Wǒmen zhèyàngzi lái bāngmáng, lái bāngmáng, lái bāngmáng,

我们这样子 来帮忙， 来呀来 帮忙。
Wǒmen zhèyàngzi lái bāngmáng, lái ya lái bāngmáng.

2 我 们 这 样 子 来 扫 地，来 扫 地，来 扫 地，
Wǒmen zhèyàngzi lái sǎodì, lái sǎodì, lái sǎodì,

我 们 这 样 子 来 扫 地，来 呀 来 扫 地。
Wǒmen zhèyàngzi lái sǎodì, lái ya lái sǎodì.

3 我 们 这 样 子 来 洗 碗，来 洗 碗，来 洗 碗，
Wǒmen zhèyàngzi lái xǐwǎn, lái xǐwǎn, lái xǐwǎn,

我 们 这 样 子 来 洗 碗，来 呀 来 洗 碗。
Wǒmen zhèyàngzi lái xǐwǎn, lái ya lái xǐwǎn.

4 我 们 这 样 子 来 做 饭，来 做 饭，来 做 饭，
Wǒmen zhèyàngzi lái zuòfàn, lái zuòfàn, lái zuòfàn,

我 们 这 样 子 来 做 饭，来 呀 来 做 饭。
Wǒmen zhèyàngzi lái zuòfàn, lái ya lái zuòfàn.

"我 的 狗 丢 了"
"Wǒde gǒu diū le"

李 小 弟
Lǐ Xiǎodì

田 小 妹
Tián Xiǎomèi

王 小 明
Wáng Xiǎomíng

林 小 芳
Lín Xiǎofāng

These children have lost their pet dogs.

- Listen to your teacher reading the description they have given of their pet. In your exercise book match the number of the dog with the name of its owner.

好 孩 子
Hǎo háizi

李 家 有 个 小 柱 子，
Lǐ jiā yǒu ge xiǎo zhùzi,

天 天 起 来 理 被 子。
Tiāntiān qǐlái lǐ bèizi.

王 家 有 个 小 胖 子，
Wáng jiā yǒu ge xiǎo pàngzi,

帮 助 妈 妈 扫 院 子。
Bāngzhù māma sǎo yuànzi.

周 家 有 个 小 豆 子，
Zhōu jiā yǒu ge xiǎo dòuzi,

做 完 功 课 擦 桌 子。
Zuò wán gōngkè cā zhuōzi.

柱 子，胖 子 和 豆 子，
Zhùzi, pàngzi hé dòuzi,

个 个 都 是 好 孩 子。
Gè gè dōu shi hǎo háizi.

Word study:

打 扫 房 子
Dǎsǎo fángzi

洗 碗
xǐ wǎn

吸 地 毯
xī dìtǎn

擦 桌 子
cā zhuōzi

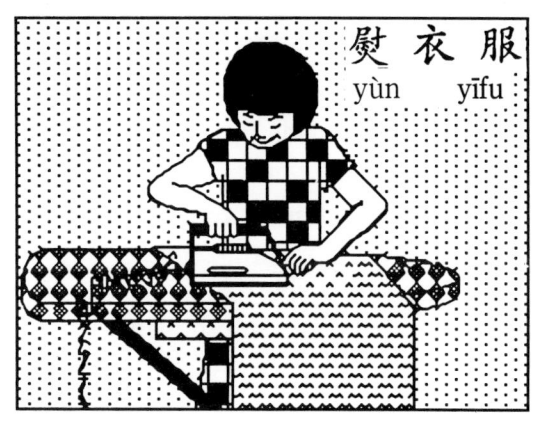

熨 衣 服
yùn yīfu

洗 衣 服
xǐ yīfu

扫 地
sǎo dì

整 理
zhěnglǐ
房 间
fángjiān

割 草
gē cǎo

Character study:

国

Guó

From early times the character for "guó", meaning "a country", was written like this:

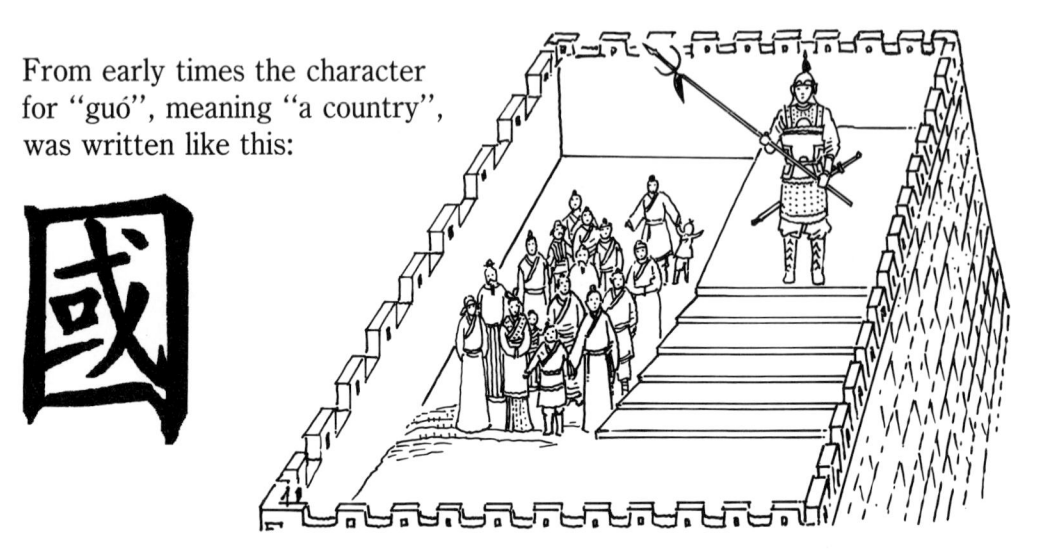

The outside box represented the borders of a country. Inside the country were:

戈 , a lance, representing defences,

口 , a mouth, representing population

and a shorthand stroke, 一 , which is part of the character 土 , representing the land.

These days in China the character is written more simply, like this:

The box outside is still there, but the inside of the box has changed to 玉 , jade, representing wealth.

When talking about our own country, we say not just 国 but 国家 . This gives a special feeling to the word "country" because it also means "home".

中 国

Zhōngguó

The name for China, 中国 , literally means "Middle Kingdom". The Chinese leaders gave their country this name because they believed that it was at the centre of the world.

外 国
Wàiguó

Ever since contact began with other countries, China has also used the character 国 in the names of many other countries that were important to them.

- Find out from a Chinese–English dictionary which countries these are and what the names actually mean.

英 国	法 国	美 国	德 国	韩 国	泰 国
Yīngguó	Fǎguó	Měiguó	Déguó	Hánguó	Tàiguó

However, for most countries China uses characters to match the sound of that country's English name.

- Can you work out which countries these are?

澳 大 利 亚	印 度	意 大 利
Àodàlìyà	Yìndù	Yìdàlì

One country which is very important to China doesn't have 国 in its Chinese name, nor does it match the English sound. This country is:

日 本 — Japan
Rìběn

- Do you know why China uses this name for Japan?

- With your teacher's help, write down the names of any other countries that are important to you.

你 是 哪 国 人 ？
Nǐ shi nǎ guó rén?

In English, it's quite hard to remember the correct word for people of many different countries — for example, Spaniards, English, Thais, Koreans, Chinese, French. However, in Chinese it's easy. We just add 人 to the name of the country.

我 是 澳 大 利 亚 人 。
Wǒ shi　　Àodàlìyà　　rén.

他 是 中 国 人 。
Tā　shi　Zhōngguó rén.

他 们 是 日 本 人 。
Tāmen　shi　Rìběn　rén.

- Complete these sentences in your exercise book.

我 妈 妈 是…
Wǒ　māma　shi . . .

我 是…
Wǒ　shi . . .

我 爸 爸 是…
Wǒ　bàba　shi . . .

Word study:
一 起 玩 儿
Yìqǐ wánr

游 泳
yóuyǒng

看 书
kànshū

打 篮 球
dǎ　　lánqiú

跳 舞
tiàowǔ

骑 自 行 车
qí　　zìxíngchē

滑 板
huábǎn

看 足 球
kàn　　zúqiú

看 电 视
kàn　　diànshì

说 真 话
Shuō zhēn huà

小小眼睛　看看世界　小小鼻子　闻闻东西

小小耳朵　听听声音　小小嘴巴　要说真話。

小 小 眼 睛，看 看 世 界。
Xiǎoxiǎo　yǎnjīng,　kànkan　shìjiè.

小 小 鼻 子，闻 闻 东 西。
Xiǎoxiǎo　bízi,　wénwen　dōngxi.

小 小 耳 朵，听 听 声 音。
Xiǎoxiǎo　ěrduo,　tīngting　shēngyīn.

小 小 嘴 巴，要 说 真 话。
Xiǎoxiǎo　zuǐba,　yào shuō zhēn huà.

当我们同在一起

Dāng wǒmen tóng zài yìqǐ

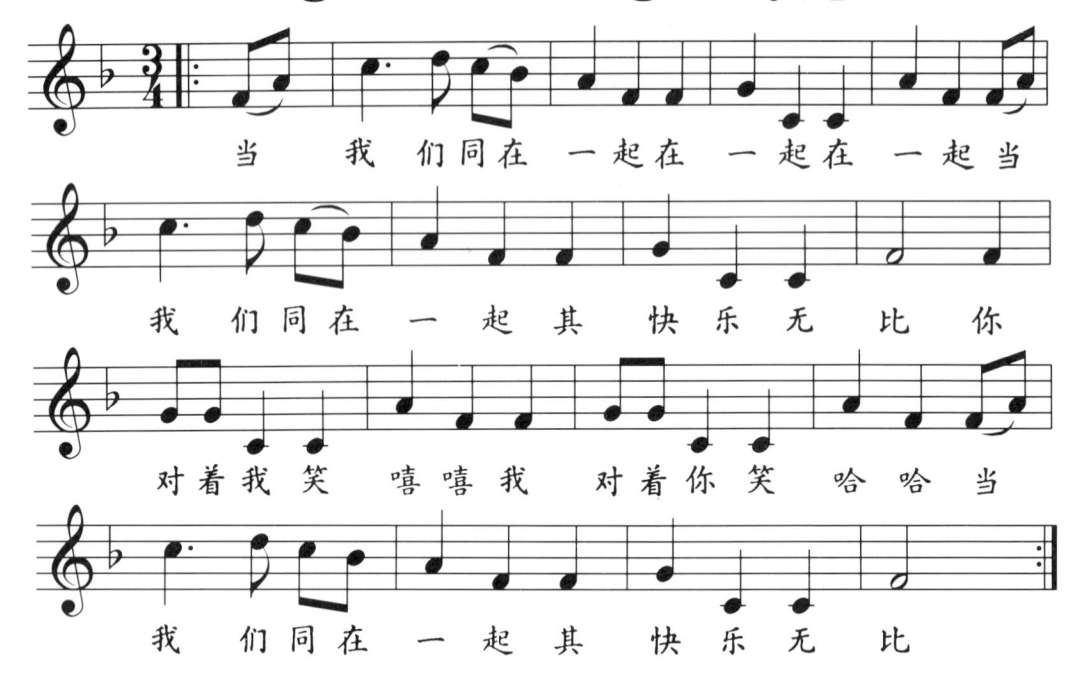

当 我 们 同 在 一 起，在 一 起，在 一 起，
Dāng wǒmen tóng zài yìqǐ, zài yìqǐ, zài yìqǐ,

当 我 们 同 在 一 起，其 快 乐 无 比。你
dāng wǒmen tóng zài yìqǐ, qí kuàilè wú bǐ. Nǐ

对 着 我 笑 嘻 嘻，我 对 着 你 笑 哈 哈，
duìzhe wǒ xiào xīxī, wǒ duìzhe nǐ xiào hāhā,

当 我 们 同 在 一 起，其 快 乐 无 比。
dāng wǒmen tóng zài yìqǐ, qí kuàilè wú bǐ.

我 和 朋 友 同 在 一 起 ，在 一 起 ，在 一 起 ，
Wǒ hé péngyou tóng zài yìqǐ, zài yìqǐ, zài yìqǐ,

我 和 朋 友 同 在 一 起 ，其 快 乐 无 比 。
wǒ hé péngyou tóng zài yìqǐ, qí kuàilè wú bǐ.

你 对 着 我 笑 嘻 嘻 ，我 对 着 你 笑 哈 哈 ，
Nǐ duìzhe wǒ xiào xīxī, wǒ duìzhe nǐ xiào hāhā,

我 和 朋 友 同 在 一 起 ，其 快 乐 无 比 。
wǒ hé péngyou tóng zài yìqǐ, qí kuàilè wú bǐ.

我 和 爸 爸 同 在 一 起 ，在 一 起 ，在 一 起 ，
Wǒ hé bàba tóng zài yìqǐ, zài yìqǐ, zài yìqǐ,

我 和 爸 爸 同 在 一 起 ，其 快 乐 无 比 。
wǒ hé bàba tóng zài yìqǐ, qí kuàilè wú bǐ.

你 对 着 我 笑 嘻 嘻 ，我 对 着 你 笑 哈 哈 ，
Nǐ duìzhe wǒ xiào xīxī, wǒ duìzhe nǐ xiào hāhā,

我 和 爸 爸 同 在 一 起 ，其 快 乐 无 比 。
wǒ hé bàba tóng zài yìqǐ, qí kuàilè wú bǐ.

etc.

呔哩呔
Daili dai

(An action song to the tune of "Hokey Pokey")

(一)

右手里，右手外，
Yòu shǒu lǐ,　yòu shǒu wài,
右手在里面甩甩甩。
Yòu shǒu zài　lǐmian shuǎi shuǎi shuǎi.
呔呔呔哩呔哩呔呔呔，
Dai dai　daili　daili　dai dai dai,
大家快快来。
　Dàjiā　kuài kuài lái.

(二)

左手里，左手外，
Zuǒ shǒu lǐ,　zuǒ shǒu wài,
左手在里面甩甩甩。
Zuǒ shǒu zài　lǐmian　shuǎi shuǎi shuǎi.
呔呔呔哩呔哩呔呔呔，
Dai dai　daili　daili　dai dai dai,
大家快快来。
　Dàjiā　kuài kuài lái.

(三)

双手里，双手外，
Shuāng shǒu lǐ, shuāng shǒu wài,
双手在里面甩甩甩。
Shuāng shǒu zài　lǐmian shuǎi shuǎi shuǎi.
呔呔呔哩呔哩呔呔呔，
Dai dai　daili　daili　dai dai dai,
大家快快来。
　Dàjiā　kuài kuài lái.

（四）

右脚里，右脚外，
Yòu jiǎo lǐ,　yòu jiǎo wài,
右脚在里面摆摆摆。
Yòu jiǎo zài lǐmian bǎi bǎi bǎi.
呔 呔 呔 喱 呔 喱 呔 呔 呔
Dai dai daili daili dai dai dai,
大家快快来。
Dàjiā　kuài kuài lái.

（五）

左脚里，左脚外，
Zuǒ jiǎo lǐ, zuǒ jiǎo wài,
左脚在里面摆摆摆。
Zuǒ jiǎo zài lǐmian bǎi bǎi bǎi.
呔 呔 呔 喱 呔 喱 呔 呔 呔，
Dai dai daili daili dai dai dai,
大家快快来。
Dàjiā　kuài kuài lái.

（六）

脑袋里，脑袋外，
Nǎodai lǐ,　nǎodai wài,
大家都来摇脑袋。
Dàjiā　dōu lái yáo nǎodai.
呔 呔 呔 喱 呔 喱 呔 呔 呔，
Dai dai daili daili dai dai dai,
大家快快来。
Dàjiā　kuài kuài lái.

（七）

全身里，全身外，
Quánshēn lǐ,　quánshēn wài,
看谁全身转得快。
Kàn shuí quánshēn zhuànde kuài.
呔 呔 呔 喱 呔 喱 呔 呔 呔，
Dai dai daili daili dai dai dai,
大家快快来。
Dàjiā　kuài kuài lái.

"几 点 钟 ？"
Jǐ diǎnzhōng?

- Look at the illustration below. Can you work out how to write the characters and ways to remember what they mean?

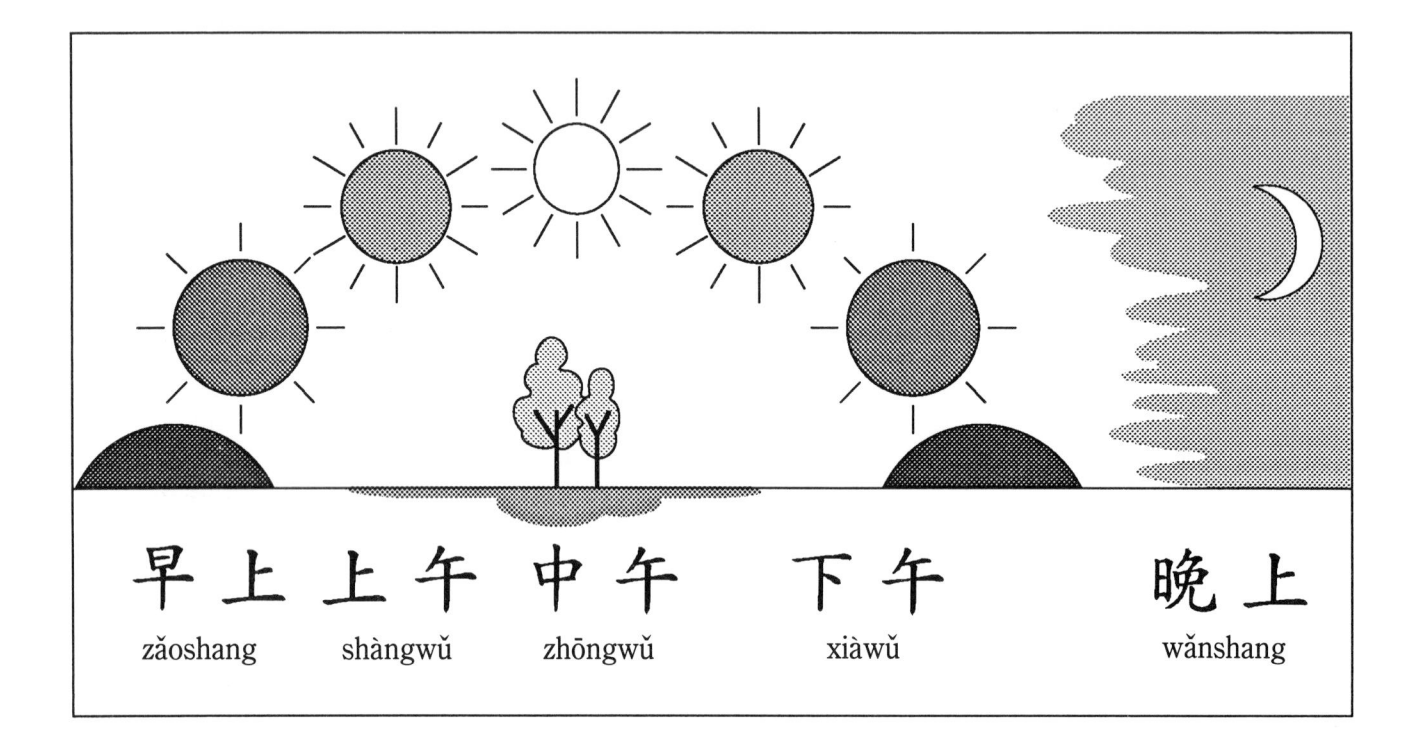

早 上	上 午	中 午	下 午	晚 上
zǎoshang	shàngwǔ	zhōngwǔ	xiàwǔ	wǎnshang

- In your exercise book, write down the following clock times in Chinese characters:

Calendar facts

- In your exercise book write answers to these questions in Chinese (the small boxes on the right will give you some clues):

今 年 是 哪 一 年?
Jīnnián shi nǎ yì nián?

这 个 月 是 几 月?
Zhèi ge yuè shi jǐ yuè?

今 天 几 号?
Jīntiān jǐ hào?

今 天 星 期 几?
Jīntiān xīngqī jǐ?

	年
	月
	日

星 期

- Copy this grid into your exercise book:

二 十 八/二 十 九 天	三 十 天	三 十 一 天

- Read these "calendar facts". Which months go in which box in your grid?

二 月 有 二 十 八 天, 有 时 有 二 十 九
Èryuè yǒu èrshibā tiān, yǒushí yǒu èrshijiǔ

天。 四 月、六 月、九 月、十 一 月 有 三 十
tiān. Sìyuè, liùyuè, jiǔyuè, shíyīyuè yǒu sānshí

天。 一 月、三 月、五 月、七 月、八 月、
tiān. Yīyuè, sānyuè, wǔyuè, qīyuè, bāyuè,

十 月、十 二 月 有 三 十 一 天。
shíyuè, shí'èryuè yǒu sānshiyī tiān.

祝 你 生 日 快 乐
Zhù Nǐ Shēngri Kuàilè

(Happy Birthday to You)

（一） 祝 你 生 日 快 乐，
Zhù nǐ shēngri kuàilè,

祝 你 生 日 快 乐，
Zhù nǐ shēngri kuàilè,

祝 ××× 生 日 快 乐
Zhù shēngri kuàilè,

祝 你 生 日 快 乐。
Zhù nǐ shēngri kuàilè.

（二） 祝 你 生 日 快 乐，
Zhù nǐ shēngri kuàilè,

祝 你 生 日 快 乐，
Zhù nǐ shēngri kuàilè,

我 們 高 声 歌 唱，
Wǒmen gāoshēng gēchàng,

祝 你 生 日 快 乐。
Zhù nǐ shēngri kuàilè.

四 季 歌
Sì jì gē

春 天　百 花　笑
Chūntiān　bǎihuā　xiào

夏 天　太 阳　照
Xiàtiān　tàiyáng　zhào

秋 天　庄 稼　好
Qiūtiān　zhuāngjia　hǎo

冬 天　雪 花　飘
Dōngtiān　xuěhuā　piāo

雨 天
Yǔ tiān

浙 沥 浙 沥，哗 啦 哗 啦，雨 下 来 了，
Xīlì xīlì, huālā huālā, yǔ xiàlái le,

我 的 妈 妈，来 了 来 了，拿 着 一 把 伞，
wǒde māma, láile láile, ná zhe yì bǎ sǎn,

浙 沥 浙 沥，哗 啦 哗 啦 啷 啷 啷！
Xīlì xīlì, huālā huālā lāng lāng lāng!

哎 呀 哎 呀，妈 妈 看 吧，那 个 小 朋 友，
Aīyā aīyā, māma kàn ba, nà ge xiǎo péngyou,

没 有 雨 伞，衣 服 湿 了，躲 在 树 下 哭，
méiyǒu yǔsǎn, yīfu shī le, duǒ zài shù xia kū,

浙 沥 浙 沥，哗 啦 哗 啦 啷 啷 啷！
Xīlì xīlì, huālā huālā lāng lāng lāng!

妈 妈 妈 妈，我 的 雨 伞，借 给 他 用 吧，
Māma māma, wǒde yǔsǎn, jiè gěi tā yòng ba,

小 朋 友 呀，请 你 进 来，我 的 雨 伞 里，
Xiǎo péngyou ya, qǐng nǐ jìnlái, wǒde yǔsǎn li,

浙 沥 浙 沥，哗 啦 哗 啦 啷 啷 啷！
Xīlì xīlì, huālā huālā lāng lāng lāng!

你 的 小 熊 穿 什 么 ？

Nǐde xiǎo xióng chuān shénme?

- Use the clues provided to write a description in your exercise book of what your teddy is wearing.

它 穿 什 么 ？
Tā chuān shénme?

chènshān

kùzi

xié

qúnzi

wàzi

它 戴 什 么 ？
Tā dài shénme?

màozi

shǒutào

xiàngliànr

yǎnjìng

wéijīn

" 穿 " and " 戴 " — a puzzle

- Can you work out why we say " 穿 " (which means "wear") for some things we wear and " 戴 " (which also means "wear") for others? Discuss your ideas with your teacher.

Rhymes

大熊猫
Dàxióngmāo

大 熊 猫 ，胖 乎 乎 ，
Dàxióngmāo, pàng hūhū,

住 在 山 里 ，多 舒 服 。
Zhù zài shān li, duō shūfu.

爱 吃 竹 子 ，会 爬 树 ，
Ài chī zhúzi, huì pá shù,

还 会 上 台 演 节 目 。
Hái huì shàng tái yǎn jiémù.

袋 鼠
Dàishǔ

袋 鼠 ，袋 鼠 ，肚 子 大 ，
Dàishǔ, dàishǔ, dùzi dà,

袋 里 装 个 小 娃 娃 。
Dài li zhuāng ge xiǎo wáwa.

袋 鼠 ，袋 鼠 ，尾 巴 长 ，
Dàishǔ, dàishǔ, wěiba cháng,

跑 步 ，跳 远 要 靠 它 。
Pǎobù, tiàoyuǎn yào kào tā.

小 鱼
Xiǎo yú

缸 里 小 鱼 游 呀 游 ，
Gāng li xiǎo yú yóu ya yóu,

摇 摇 尾 巴 点 点 头 。
Yáoyao wěiba diǎndian tóu.

一 会 儿 沉 ，一 会 儿 浮 ，
Yíhuìr chén, yíhuìr fú,

它 在 水 里 真 自 由 。
Tā zài shuǐ li zhēn zìyóu.

五指歌
Wǔ zhǐ gē

一 二 三 四 五，　　上 山 打 老 虎。
Yī èr sān sì wǔ,　　shàng shān dǎ lǎohǔ,

老 虎 打 不 到，　　打 了 小 松 鼠。
Lǎohǔ dǎ bú dào,　　dǎ le xiǎo sōngshǔ.

松 鼠 有 几 个，　　让 我 数 一 数。
Sōngshǔ yǒu jǐ ge,　　ràng wǒ shǔ yì shǔ.

数 来 又 数 去，　　一 二 三 四 五。
Shǔ lái yòu shǔ qù,　　yī èr sān sì wǔ.

小 猴 子
Xiǎo hóuzi

小 猴 子，　　吱 吱 叫。
Xiǎo hóuzi,　　zīzī jiào.

肚 子 饿 了，　　不 能 跳。
Dùzi èr le,　　bù néng tiào.

给 香 蕉 还 不 要，
Gěi xiāngjiāo hái bú yào,

你 说 好 笑 不 好 笑。
Nǐ shuō hǎoxiào bù hǎoxiào.

China's endangered animals

A number of answers have been provided in small print to each of the questions in large print below.

- Choose the correct answer to each question and write it in order in your exercise book.

1 大熊猫爱吃什么？ 竹 肉 水果
Dàxióngmāo ài chī shénme? zhú ròu shuǐguǒ

2 大熊猫住在哪里？ 水里 山上 陆地上 森林里
Dàxióngmāo zhù zài nǎli? shuǐ li shān shang lùdì shang sēnlín li

3 大熊猫是什么颜色？ 红 灰 白 黑
Dàxióngmāo shi shénme yánsè? hóng huī bái hēi

4 我们的动物园里有大熊猫吗？ 有 没有
Wǒmen de dòngwùyuán li yǒu dàxióngmāo ma? yǒu méiyǒu

5 雪豹爱吃什么？ 竹 肉 水果
Xuěbào ài chī shénme? zhú ròu shuǐguǒ

6 雪豹住在哪里？ 水里 山上 陆地上 森林里
Xuěbào zhù zài nǎli? shuǐ li shān shang lùdì shang sēnlín li

7 雪豹是什么颜色？ 红 灰 白 黑
Xuěbào shi shénme yánsè? hóng huī bái hēi

8 我们的动物园里有雪豹吗？ 有 没有
Wǒmen de dòngwùyuán li yǒu xuěbào ma? yǒu méiyǒu

我 是 只 小 小 鸟

Wǒ shi zhī xiǎo xiǎo niǎo

我 是 只 小 小 鸟 飞 就 飞 叫 就 叫

自 由 逍 遥 我 不 知 有 忧 愁

我 不 知 有 烦 恼 只 是 爱 欢 笑。

我 是 只 小 小 鸟，
Wǒ shi zhī xiǎo xiǎo niǎo,

飞 就 飞， 叫 就 叫，
Fēi jiù fēi, jiào jiù jiào,

自 由 逍 遥。
Zìyóu xiāoyáo.

我 不 知 有 忧 愁，
Wǒ bù zhī yǒu yōuchóu,

我 不 知 有 烦 恼，
Wǒ bù zhī yǒu fánnǎo,

只 是 爱 欢 笑。
Zhǐ shi ài huānxiào.

青 蛙 歌
Qīngwā gē

一只青蛙 一张嘴 两个眼睛 四条腿

扑通扑通 跳 下 水 青蛙不喝水 真奇怪

青蛙不喝水 真奇怪。

一只青蛙一张嘴，
Yì zhī qīngwā yì zhāng zuǐ,

两个眼睛， 四条腿。
Liǎng ge yǎnjīng, sì tiáo tuǐ.

扑通扑通跳下水，
Pūtōng pūtōng tiào xià shuǐ,

青蛙不喝水，
Qīngwā bù hēshuǐ,

真奇怪。
Zhēn qíguài.

青蛙不喝水，
Qīngwā bù hēshuǐ,

真奇怪。
Zhēn qíguài.

Stage B

Middle to Upper Primary

最 流 行 的 活 动
Zuì liúxíng de huódòng

Are these lunchtime activities popular at your school?

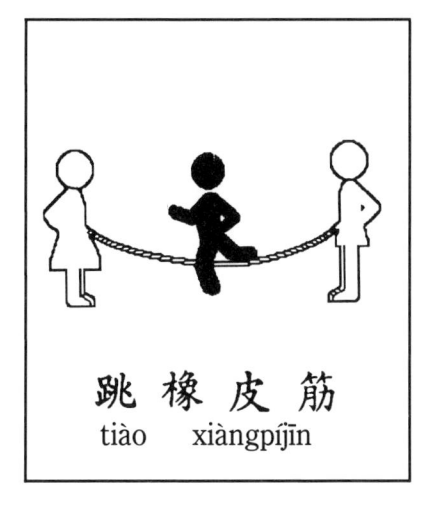

跳 橡 皮 筋
tiào xiàngpíjīn

玩 "追"
wán "Zhuī"

捉 迷 藏
zhuōmícáng

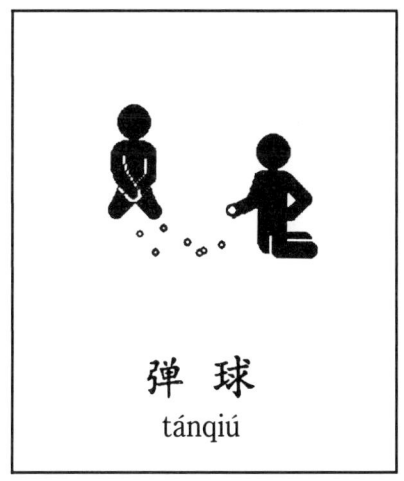

弹 球
tánqiú

打 球
dǎ qiú

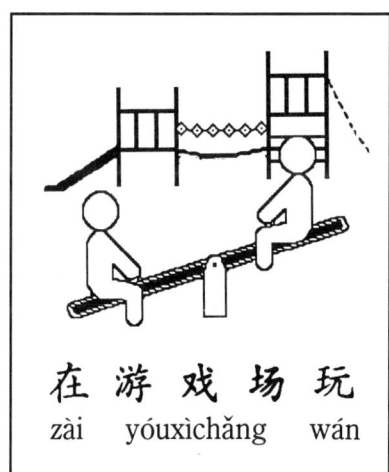

在 游 戏 场 玩
zài yóuxìchǎng wán

- Make a poster of any other popular lunchtime activities that you and your friends enjoy. Ask your teacher to help you write and say them in Chinese.

- In your exercise book, write a sentence about what you played at lunchtime on each day of one week. Here is a model sentence pattern to help you:

星 期 一 中 午 ，我 们 玩 "追"。

Xīngqī yī zhōngwǔ, wǒmen wán "Zhuī".

Word study:

在 书 包 里
Zài shūbāo lǐ

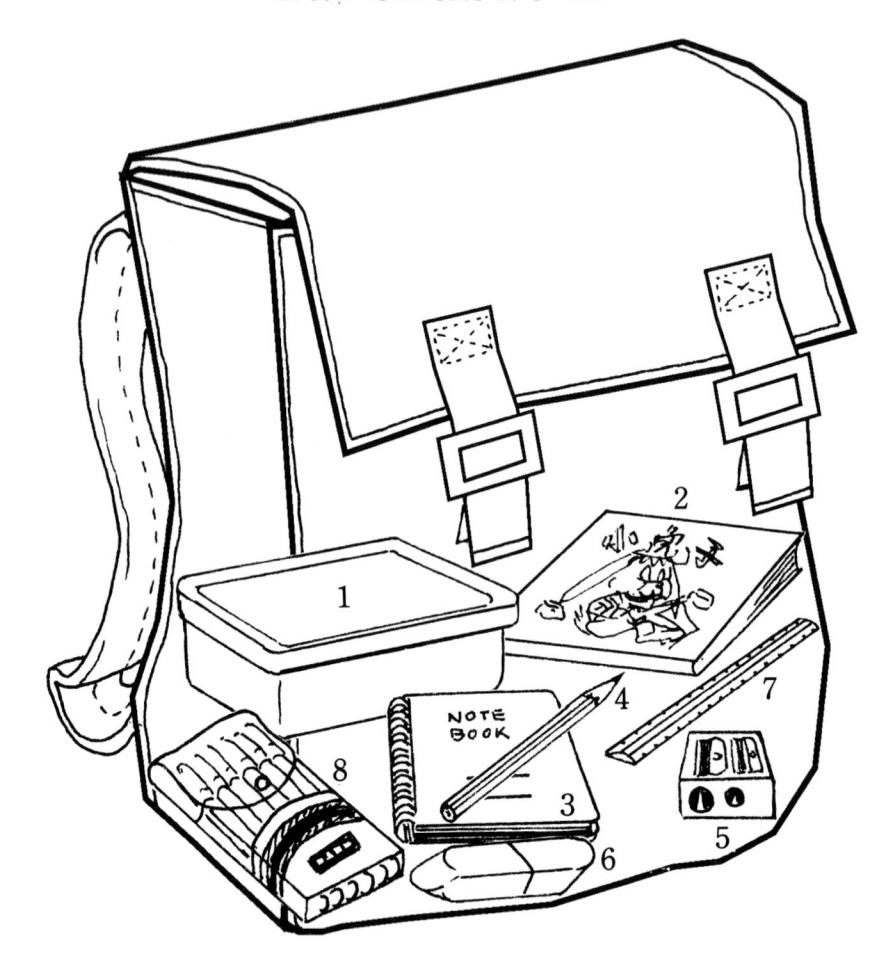

1 **饭盒**
fànhé

2 **故事书**
gùshi shū

3 **本子**
běnzi

4 **铅笔**
qiānbǐ

5 **铅笔刀**
qiānbǐ dāo

6 **橡皮**
xiàngpí

7 **尺子**
chǐzi

8 **彩色笔**
cǎisèbǐ

在中国的小学吃午饭
Zài Zhōngguó de Xiǎoxué chī wǔfàn

The pictures below show you some of the food items children eat for lunch in China. Very often children go home for lunch, as they usually attend a school close to their home. If their parents are out at work then a grandparent who lives with them usually prepares it. Some schools have a cafeteria (食堂) where some of this food is served. Otherwise, children bring their lunch in a lunch box and it is warmed up in the school kitchen.

1 **馒头** mántou 2 **米饭** mǐfàn 3 **面条** miàntiáo 4 **包子** bāozi 5 **饺子** jiǎozi 6 **炒菜** chǎo cài

- With the help of your teacher find out:
  — what these foods are made of
  — how they are served (e.g. hot/cold, with/without a sauce)
  — how they are eaten (e.g. with knife/fork/spoon/chopsticks/ fingers).

- You can buy most of these food items at a Chinese grocery or order them for yum cha or lunch at some Chinese restaurants. Try some of them.

- Talk with your teacher and classmates about differences between these foods and the kinds of food you eat for lunch at your school.

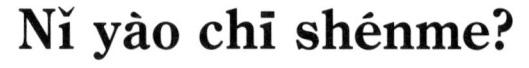

你 要 吃 什 么 ?
Nǐ yào chī shénme?

〔对 口 快 板〕
(A chant)

A: 你 要 吃 什 么 ? 想 要 吃 什 么 ?
Nǐ yào chī shénme? Xiǎng yào chī shénme?

要 不 要 吃 汉 堡 包 ?
Yào bú yào chī hànbǎobāo?

B: 汉 堡 包 , 汉 堡 包 , 要 ! 要 !
Hànbǎobāo, hànbǎobāo, yào! yào!

B: 你 要 吃 什 么 ? 想 要 吃 什 么 ?
Nǐ yào chī shénme? Xiǎng yào chī shénme?

要 不 要 吃 炸 薯 条 ?
Yào bú yào chī zhá shǔtiáo?

A: 炸 薯 条 , 炸 薯 条 , 要 ! 要 !
Zhá shǔtiáo, zhá shǔtiáo, yào! yào!

A: 你 要 吃 什 么 ? 想 要 吃 什 么 ?
Nǐ yào chī shénme? Xiǎng yào chī shénme?

要 不 要 吃 冰 淇 淋 ?
Yào bú yào chī bīngqílín?

B: 冰 淇 淋 , 冰 淇 淋 , 要 ! 要 !
Bīngqílín, bīngqílín, yào! yào!

B: 你 要 吃 什 么 ? 想 要 吃 什 么 ?
Nǐ yào chī shénme? Xiǎng yào chī shénme?

要 不 要 吃 大 香 蕉 ?
Yào bú yào chī dà xiāngjiāo?

A: 大 香 蕉 , 大 香 蕉 , 要 ! 要 !
Dà xiāngjiāo, dà xiāngjiāo, yào! yào!

在澳大利亚的小学吃午饭
Zài Àodàlìyà de Xiǎoxué chī wǔfàn

- Using the pictures below to help you, talk with your classmates about what you often have for lunch at school. Here is a model question pattern to help you:

你平常午饭吃什么？
Nǐ píngcháng wǔfàn chī shénme?

三明治
sānmíngzhì

炸薯条
zhá shǔtiáo

肉饼
ròu bǐng

热狗
rè gǒu

汉堡包
hànbǎo bāo

蛋糕
dàngāo

糖
táng

水果
shuǐguǒ

饮料
yǐnliào

水
shuǐ

牛奶
niúnǎi

冰棍儿
bīng gùnr

怎 么 来 上 学 ？
Zěnme lái shàngxué?

The graph below gives information about the different ways in which students at Beach Road Primary School（海滨路小学）get to school.

- Read the graph and then discuss with your teacher and classmates the information it contains.

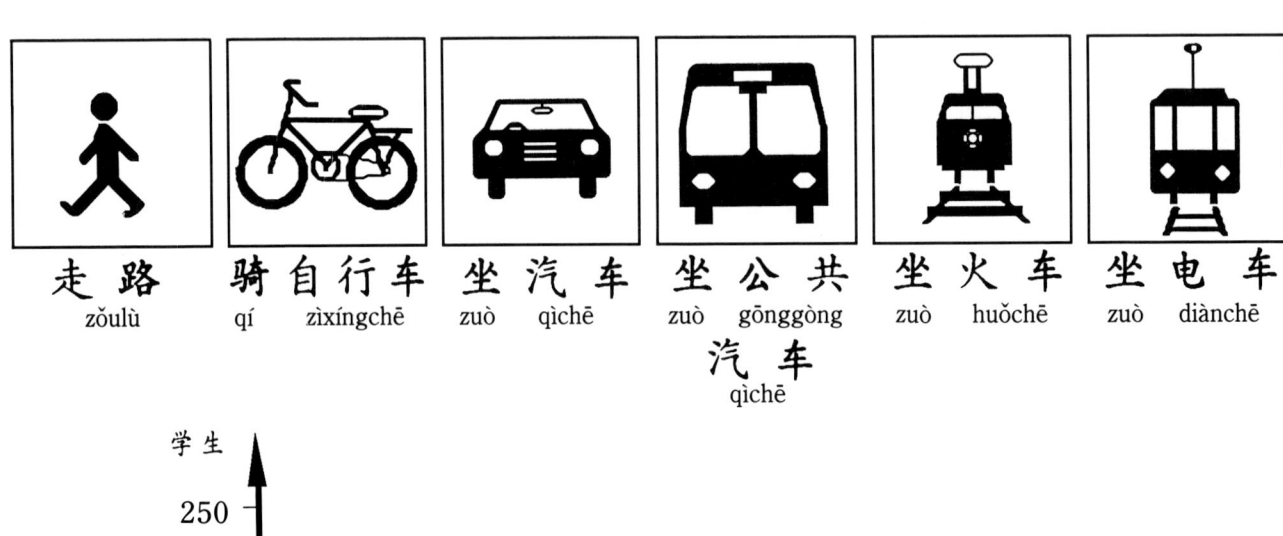

走 路
zǒulù

骑 自 行 车
qí   zìxíngchē

坐 汽 车
zuò   qìchē

坐 公 共
zuò   gōnggòng
汽 车
qìchē

坐 火 车
zuò   huǒchē

坐 电 车
zuò   diànchē

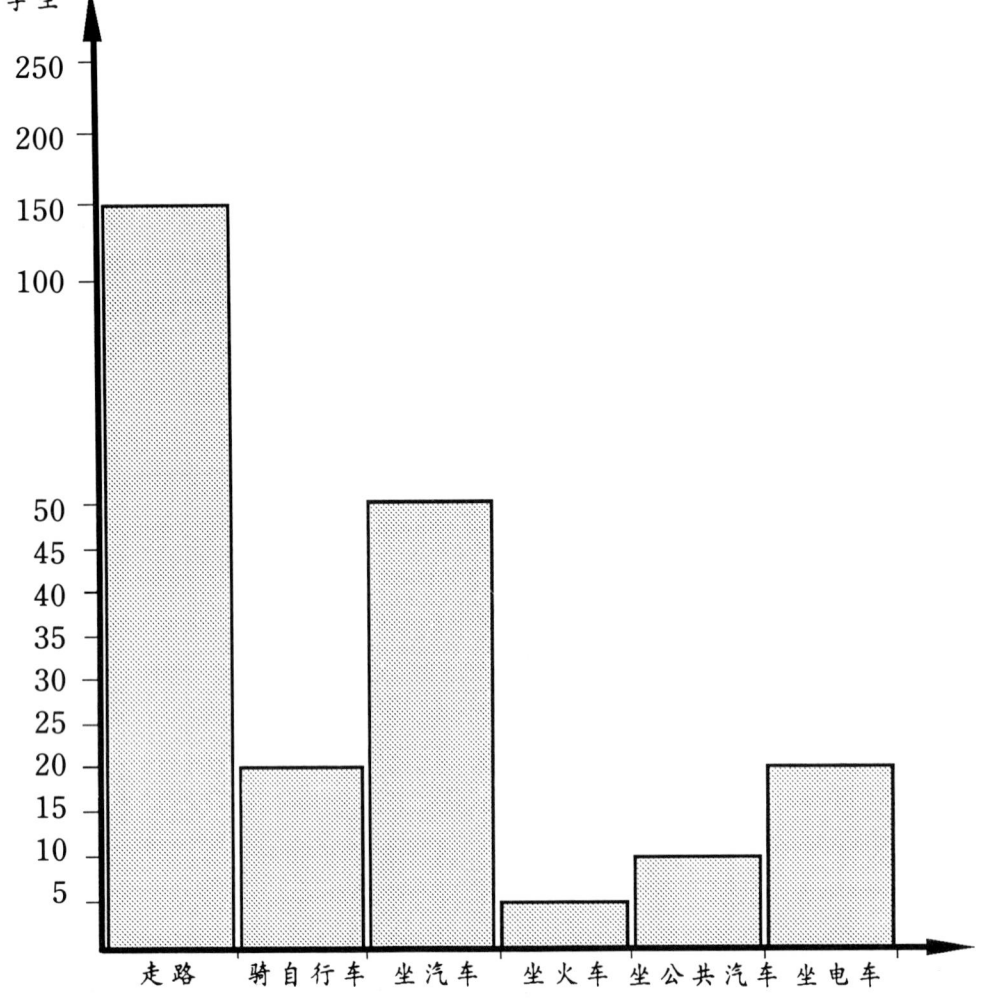

海滨路小学
Hǎibīn Lù Xiǎoxué

Here is a plan of Beach Road Primary School in Australia.

• Use the plan to help you talk and write about your own school.

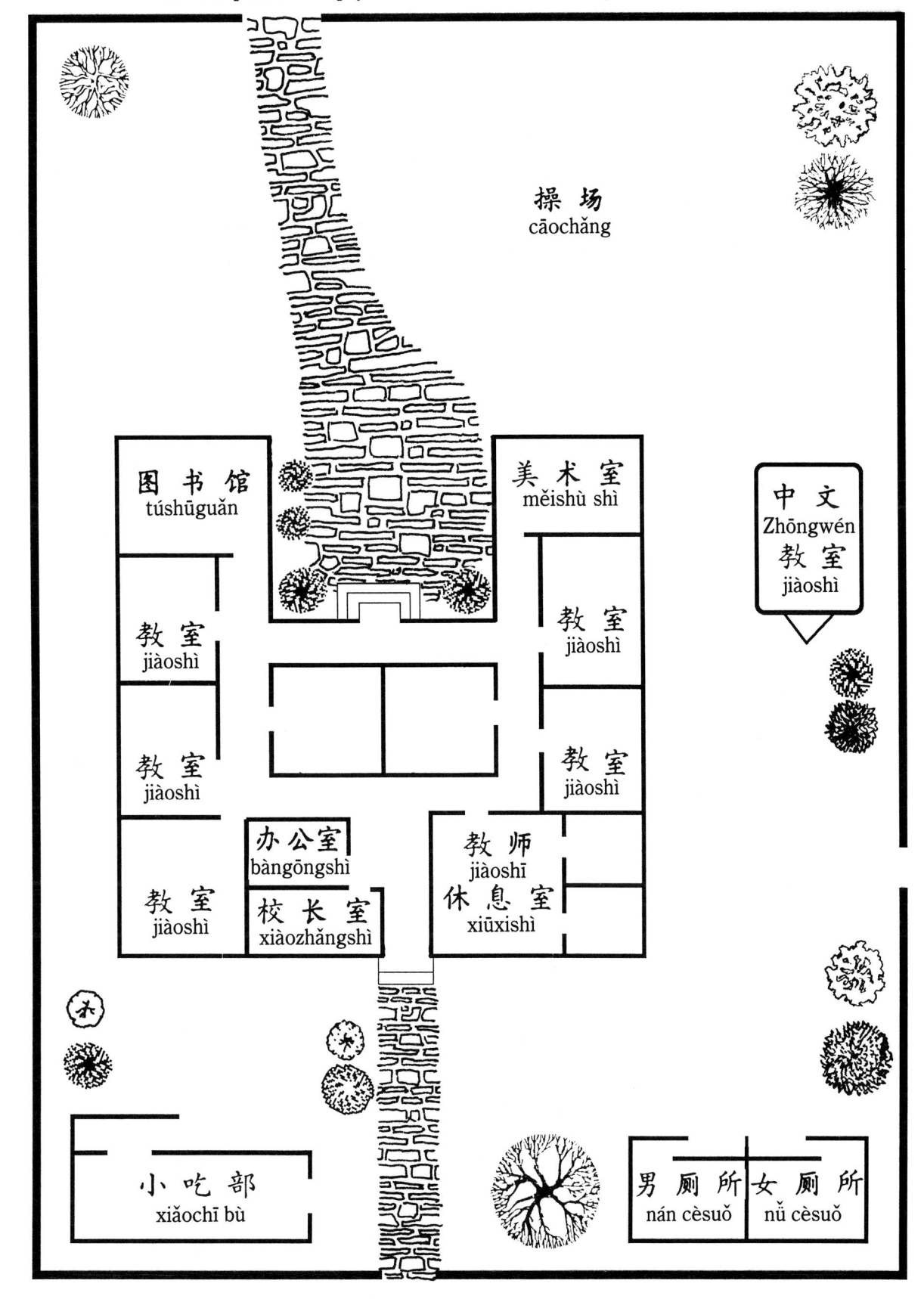

河 北 路 小 学
Héběi Lù Xiǎoxué

Here is some information about a primary school in China given by the principal and a student at the school.

你 好! 我 是 河 北 路 小 学 的 校 长。
Nǐ hǎo! Wǒ shi Héběi Lù Xiǎoxué de xiàozhǎng.

我 姓 王。这 是 我 们 学 校 的 一 些 情 况。
Wǒ xìng Wáng. Zhè shi wǒmen xuéxiào de yìxiē qíngkuàng.

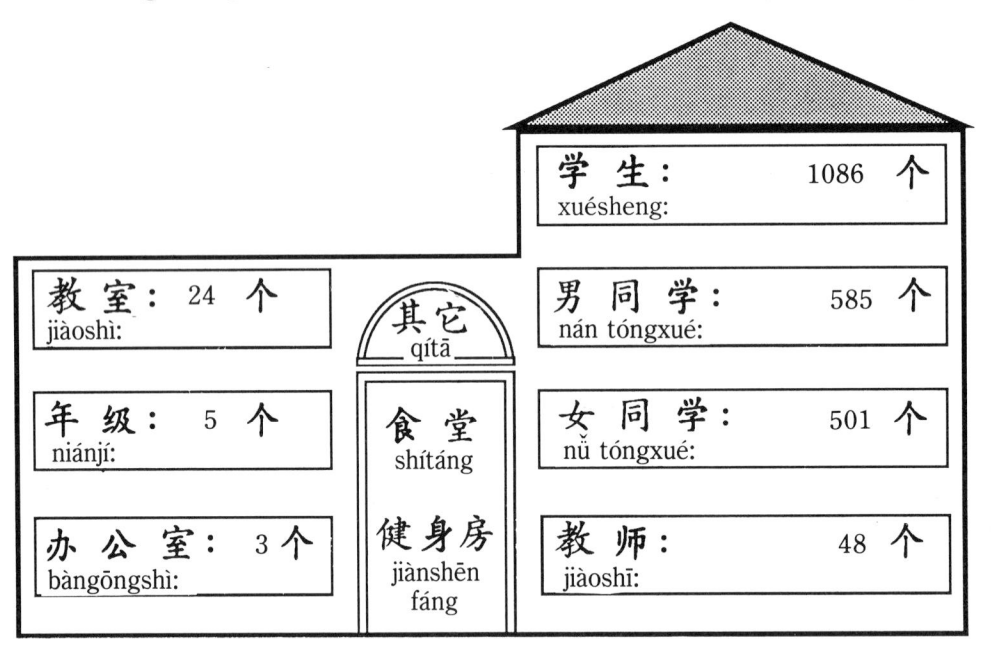

学 生: 1086 个
xuésheng:

教 室: 24 个
jiàoshì:

其 它
qítā

男 同 学: 585 个
nán tóngxué:

年 级: 5 个
niánjí:

食 堂
shítáng

女 同 学: 501 个
nǚ tóngxué:

办 公 室: 3 个
bàngōngshì:

健 身 房
jiànshēn fáng

教 师: 48 个
jiàoshī:

你 好! 我 是 马 红 英。我 在 河 北 路 小 学 上 学。
Nǐ hǎo! Wǒ shi Mǎ Hóngyīng. Wǒ zài Héběi Lù Xiǎoxué shàngxué.

我 上 四 年 级。这 是 我 们 班 的 课 表。
Wǒ shàng sì niánjí. Zhè shi wǒmen bān de kèbiǎo.

科目 时间 日期	8.00–8.45	8.55–9.40	10.00–10.45	10.55–11.40	2.00–2.45	2.55–3.40
星期一 Xīngqī yī	数学 shùxué	语文 yǔwén	手工 shǒugōng	写字 xiězì	语文 yǔwén	数学 shùxué
星期二 Xīngqī èr	图画 túhuà	语文 yǔwén	数学 shùxué	体育 tǐyù	语文 yǔwén	自习 zì xí
星期三 Xīngqī sān	数学 shùxué	自然 zìrán	英语 Yīngyǔ	语文 yǔwén	自习 zìxí	写字 xiězì
星期四 Xīngqī sì	语文 yǔwén	唱歌 chànggē	珠算 zhūsuàn	数学 shùxué	劳动 láodòng	劳动 láodòng
星期五 Xīngqī wǔ	数学 shùxué	图画 túhuà	英语 Yīngyǔ	语文 yǔwén	体育 tǐyù	自习 zìxí
星期六 Xīngqī liù	自然 zìrán	语文 yǔwén	数学 shùxué	手工 shǒugōng		

上 学
Shàngxué

(A silly rhyme)

上 学 去，到 学 校，
Shàngxué qù, dào xuéxiào,

老 师 说 我 爱 胡 闹。
Lǎoshī shuō wǒ ài húnào.

语 文 课 睡 大 觉，
Yǔwén kè, shuì dà jiào,

数 学 作 业 我 不 交。
Shùxué zuòyè wǒ bù jiāo.

图 画 课，我 迟 到，
Túhuà kè, wǒ chídào,

音 乐 唱 歌 我 乱 叫。
Yīnyuè chànggē wǒ luàn jiào.

英 语 课，吹 口 哨，
Yīngyǔ kè, chuī kǒushào,

体 育 课 上 把 舞 跳。
Tǐyù kè shang bǎ wǔ tiào.

放 学 了，钟 声 敲。
Fàngxué le, zhōngshēng qiāo,

老 师 说 我 要 留 校。
Lǎoshī shuō wǒ yào liú xiào.

同 学 们，回 家 了，
Tóngxuémen, huíjiā liǎo,

剩 下 一 人 真 烦 恼。
Shèng xia yì rén zhēn fánnǎo.

谜 语
Míyǔ

Chinese riddles are clever, but they can be very tricky until you get the hang of them.

- Try these with your teacher. A clue: the answers are all parts of the body.

1 一 座 山，
Yí zuò shān,

两 个 洞，
Liǎng ge dòng,

进 进 出 出 都 通 风。
Jìnjìn chūchū dōu tōng fēng.

2 东 一 片，
Dōng yí piàn,

西 一 片，
Xī yí piàn,

到 老 不 相 见。
Dào lǎo bù xiāng jiàn.

3 早 上 开 门，
Zǎoshang kāimén,

晚 上 关 门，
Wǎnshang guānmén.

走 近 一 点 看 看，
Zǒu jìn yìdiǎn kànkan,

里 面 有 个 小 人。
Lǐmian yǒu ge xiǎo rén.

4 十 兄 弟，
Shí xiōngdì,

分 两 排，
Fēn liǎng pái,

有 的 高，有 的 矮，
Yǒude gāo, yǒude ǎi,

一 起 干 活 多 勤 快。
Yìqǐ gànhuó duō qínkuai.

5 两 个 母 亲，
Liǎng ge mǔqin

各 有 儿 子 五 个。
Gè yǒu érzi wǔ ge.

说 起 名 字，
Shuō qǐ míngzi,

大 家 只 有 一 个。
Dàjiā zhǐ yǒu yí ge.

绕口令
Ràokǒulìng

(Tongue twisters)

四 十 四 只 死 石 狮 子。
Sìshísì zhī sǐ shí shīzi.

吃 葡 萄 不 吐 葡 萄 皮，
Chī pútao bù tǔ pútao pí,

不 吃 葡 萄 倒 吐 葡 萄 皮。
Bù chī pútao dào tǔ pútao pí.

红 凤 凰，粉 凤 凰，
Hóng fènghuáng, fěn fènghuáng,

红 凤 凰 比 粉 凤 凰 红，
Hóng fènghuáng bǐ fěn fènghuáng hóng,

粉 凤 凰 比 红 凤 凰 粉。
Fěn fènghuáng bǐ hóng fènghuáng fěn.

山 上 一 根 藤，
Shān shang yì gēn téng,

藤 上 挂 铜 铃，
Téng shang guà tóng líng,

风 吹 藤 动 铜 铃 动，
Fēng chuī téng dòng tóng líng dòng,

风 停 藤 停 铜 铃 停。
Fēng tíng téng tíng tóng líng tíng.

我 的 忙 碌 一 天
Wǒde mánglù yì tiān

九 点
jiǔ diǎn

我 们 上 中 文 课。
Wǒmen shàng Zhōngwén kè.
写 中 国 字 很 好 玩 儿。
Xiě Zhōngguó zì hěn hǎo wánr.

九 点 四 十 五 分
jiǔ diǎn sìshíwǔ fēn

我 参 加 合 唱 队 练 习。
Wǒ cānjiā héchàngduì liànxí.
有 一 首 新 歌 很 好 听。
Yǒu yì shǒu xīn gē hěn hǎotīng.

十 点 十 五 分
shí diǎn shíwǔ fēn

我 和 几 个 同 学 一 起
Wǒ hé jǐ ge tóngxué yìqǐ
玩 儿 "追"。
wánr "Zhuī".

十 点 半
shí diǎn bàn

我 们 学 习 自 然 科 学。
Wǒmen xuéxí zìrán kēxué.
大 自 然 真 有 意 思。
Dà zìrán zhēn yǒu yìsi.

十 一 点 十 五 分
shíyī diǎn shíwǔ fēn

我 和 平 平 做 数 学。
Wǒ hé Píngping zuò shùxué.

平 平 是 六 年 级 数 学
Píngping shi liù niánjí shùxué

大 王。
dà wáng.

十 二 点 十 五 分
shíèr diǎn shíwǔ fēn

我 在 小 吃 部 买 了
Wǒ zài xiǎochībù mǎi le

热 狗 和 汽 水, 很 好 吃。
règǒu hé qìshuǐ, hěn hǎochī.

十 二 点 半
shíèr diǎn bàn

我 参 加 六 年 纪 篮 球
Wǒ cānjiā liù niánjí lánqiú

比 赛。 男 队 对 女 队。
bǐsài. Nán duì duì nǚ duì.

我 们 赢 了! 男 队 不 行 了!
Wǒmen yíng le! Nán duì bù xíng le!

一 点
yì diǎn

我 们 去 游 泳 池 游 泳。
Wǒmen qù yóuyǒng chí yóuyǒng.

我 很 喜 欢 游 泳, 可 是
Wǒ hěn xǐhuan yóuyǒng, kěshì

游 得 不 好。
yóude bù hǎo.

两 点 半
liǎng diǎn bàn

我 们 在 图 书 馆 听 李
Wǒmen zài túshūguǎn, tīng Lǐ
老 师 讲 故 事。我 觉 得
Lǎoshī jiǎng gùshi. Wǒ juéde
很 累，想 睡 觉。
hěn lèi, xiǎng shuìjiào.

三 点 半
sān diǎn bàn

铛! 铛! 铛! 放 学 回 家 了，
Dāng dāng dāng! Fàngxué huíjiā le,
可 是 我 还 得 做 作 业，
kěshì wǒ háiděi zuò zuòyè,
讨 厌!
tǎoyàn!

Character study:

雨

" 雨 ", pronounced yǔ, is the character for rain. It is made up of three components: "▬", which represents the sky; "⌒", which represents a cloud; and " ⠿ ", which is easy to guess.

- Do you know the meaning of this character: " 下 " (xià)?

- If you do, you can probably work out what this sentence means:

下 雨 了

The following characters all have " 雨 " as part of them. That is because they all have something to do with rain.

雪	雷	雹	雾
xuě	léi	báo	wù

- Look up these words in your class dictionary and find out what they mean.

The character " 雨 " is also used together with some other characters; for example, 雨 天 (雨 + 天 = rainy day).

- Can you work out the meaning of these characters when they are used together?

雨 点 (雨 + 点 = ?)
diǎn — spot/dot

雨 季 (雨 + 季 = ?)
jì — seasons

雨 衣 (雨 + 衣 = ?)
yī — clothes

雨 量 (雨 + 量 = ?)
liàng — quantity

This is a pictograph of something that is useful in the rain:

傘
sǎn

- Can you guess its meaning?

红 包 歌
Hóngbāo gē

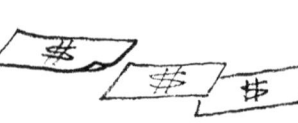

(A poem)

恭 喜 发 财，
Gōngxǐ   fācái,

红 包 拿 来。
Hóngbāo   ná   lái.

一 块 可 以，
Yí   kuài   kěyǐ,

五 毛 不 爱，
Wǔ   máo   bú   ài.

恭 喜 发 财，
Gōngxǐ   fācái,

红 包 拿 来。
Hóngbāo   ná   lái.

不 给 红 包，
Bù   gěi   hóngbāo,

我 就 耍 赖。
Wǒ   jiù   shuǎlài.

恭 喜 发 财，
Gōngxǐ   fācái,

红 包 拿 来。
Hóngbāo   ná   lái.

你 给 红 包，
Nǐ   gěi   hóngbāo,

我 就 发 财。
Wǒ   jiù   fācái.

今天我们做什么?
Jīntiān wǒmen zuò shénme?

• Match the weather reports in the box with an appropriate activity below.

今天八度，很冷。 Jīntiān bā dù, hěn lěng. 山上有雪。 Shān shang yǒu xuě.	今天白天有雨， Jīntiān báitiān yǒu yǔ, 十三度。 shísān dù.
今天三十五度， Jīntiān sānshiwǔ dù, 很热。晚上有雨。 hěn rè. Wǎnshang yǒu yǔ.	今天十七度，有风， Jīntiān shíqī dù, yǒu fēng, 没有雨。 méiyǒu yǔ.

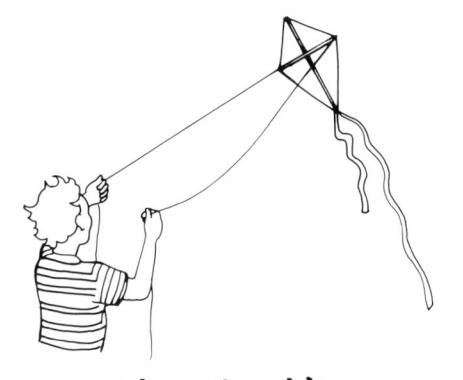

放风筝
fàng fēngzheng

去海边玩儿
qù hǎibiān wánr

在家里看书
zài jiā lǐ kànshū

去山上滑雪
qù shān shang huáxuě

春节
Chūn Jié

The illustrations on these two pages suggest some activities that are traditional to the celebration of Chinese New Year, also known as the Spring Festival.

大 扫 除
dà sǎochú

买 新 衣 服
mǎi xīn yīfu

放假
fàngjià

通知
春节
期间，放假
四天，初五
照常上班

人事科
89·2·3

拜 神
bài shén

家 庭 聚 餐
jiātíng jù cān

放 鞭 炮
fàng biānpào

拜 年
bàinián

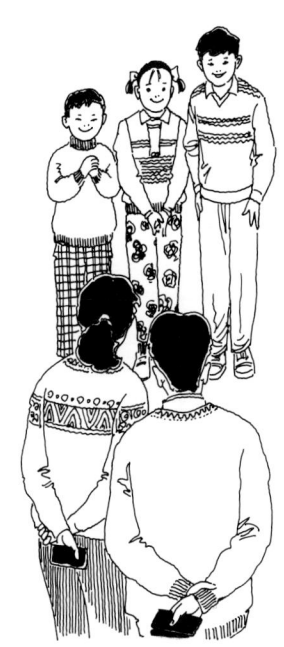

送 红 包
sòng hóngbāo

舞 狮
wǔ shī

新 年 好！
Xīnnián hǎo!

新年好！　新年到！　穿新衣服，戴新帽，

Xīnnián hǎo!　Xīnnián dào!　Chuān xīn yīfu,　dài xīn mào,

贴春联，　放鞭炮，　相互恭喜，哈哈笑！

tiē chūnlián,　fàng biānpào,　xiānghù gōngxǐ,　hā hā xiào!

中 秋 节
Zhōngqiū Jié

These illustrations show some activities that are traditional to the celebration of the Mid-autumn Festival.

买 月 饼
mǎi　yuèbǐng

一 起 吃 月 饼
yìqǐ　　chī　　yuèbǐng

花 园 赏 月
huāyuán　shǎng yuè

看 舞 龙
kàn　wǔ　lóng

做 灯 笼
zuò　dēnglong

元 宵 节
Yuánxiāo Jié

These illustrations show some activities that are traditional to the
celebration of the Lantern Festival.

猜 灯 谜
cāi　　dēngmí

点 灯 笼
diǎn　dēnglong

踩 高 跷
cǎi　　gāoqiāo

吃 元 宵
chī　　yuánxiāo

中国节日
Zhōngguó jiérì

元宵节，好热闹，
Yuánxiāo Jié, hǎo rènao,

各式彩灯挂得高。
Gè shì cǎi dēng guàde gāo.

跑旱船，踩高跷，
Pǎo hàn chuán, cǎi gāoqiāo,

猜猜灯谜吃元宵。
Cāicai dēngmí chī yuánxiāo.

清明节，起得早，
Qīngmíng Jié, qǐde zǎo,

带上鲜花把墓扫。
Dài shang xiānhuā bǎ mù sǎo.

向着祖坟行个礼，
Xiàng zhe zǔfén xíng ge lǐ,

献上崇敬和哀悼。
Xiàn shang chóngjìng hé āidào.

五月五，端午到。
Wǔ yuè wǔ, Duānwǔ dào.

赛龙船，锣鼓敲。
Sài lóng chuán, luógǔ qiāo.

纪念屈原大诗人，
Jìniàn Qūyuán dà shīrén,

家家忙把粽子包。
Jiājiā máng bǎ zòngzi bāo.

中秋节，天晴朗，
Zhōngqiū Jié, tiān qínglǎng,

月亮圆圆在天上。
Yuèliang yuányuán zài tiān shang.

月光下，齐团聚，
Yuè guāng xià, qí tuánjù,

中秋月饼大家尝。
Zhōngqiū yuèbǐng dàjiā cháng.

圣 诞 铃 声
Shèngdàn Língshēng

(Jingle Bells)

Chorus:
叮 叮 当 ，叮 叮 当 ，铃 声 多 响 亮，
Dīngdīngdāng, dīngdīngdāng, língshēng duō xiǎngliàng,

你 看 他 不 避 风 霜 ，面 容 多 么 慈 祥。
Nǐ kàn tā bú bì fēngshuāng, miànróng duōme cíxiáng.

叮 叮 当 ，叮 叮 当 ，铃 声 多 响 亮，
Dīngdīngdāng, dīngdīngdāng, língshēng duō xiǎngliàng,

他 给 我 们 带 来 幸 福 ，大 家 喜 洋 洋。
Tā gěi wǒmen dài lái xìngfú, dàjiā xǐ yángyáng.

Verse 1:
雪 花 随 风 飘 ，花 鹿 在 奔 跑，
Xuěhuā suí fēng piāo, huā lù zài bēnpǎo,

圣 诞 老 公 公 ，驾 着 美 丽 的 雪 撬。
Shèngdàn lǎo gōnggong, jiàzhe měilì de xuěqiāo.

经 过 了 原 野 ，渡 过 了 小 桥，
Jīngguò le yuányě, dù guò le xiǎo qiáo,

跟 着 和 平 欢 乐 歌 声 ，翩 然 地 来 到。
Gēn zhe hépíng huānlè gēshēng, piānrán de lái dào.

嘿！ (Chorus)
Hei!

Verse 2:
红 衣 红 帽 人 ，两 道 白 眉 毛，
Hóng yī hóng mào rén, liǎng dào bái méimao,

白 发 白 胡 须 ，带 来 礼 物 一 包。
Bái fà bái húxū, dài lái lǐwu yì bāo.

穿 过 了 森 林 ，越 过 了 小 桥，
Chuān guò le sēnlín, yuè guò le xiǎo qiáo,

跟 着 和 平 欢 乐 歌 声 ，翩 然 地 来 到。
Gēn zhe hépíng huānlè gēshēng, piānrán de lái dào.

嘿！ (Chorus)
Hei!

Silly rhymes

大 头 歌
Dà tóu gē

大头，大头，
Dà tóu, dà tóu,

下 雨 不 愁，
Xiàyǔ bù chóu,

人 家 打 伞，
Rén jiā dǎ sǎn,

他 有 大 头。
Tā yǒu dà tóu.

大 脚 大
Dà jiǎo dà

大 脚 大，大 脚 大，
Dà jiǎo dà, dà jiǎo dà,

阴 天 下 雨 不 害 怕。
yīntiān xiàyǔ bú hàipà.

大 脚 好，大 脚 好，
Dà jiǎo hǎo, dà jiǎo hǎo,

下 雨 路 滑 摔 不 倒。
xiàyǔ lù huá shuāi bù dǎo.

春、夏、秋、冬
Chūn, Xià, Qiū, Dōng

(A poem)

草 儿 青，
Cǎo ér qīng,
花 儿 开，
Huā ér kāi,
小 鸟 叫，
Xiǎo niǎo jiào,
春 天 来。
Chūntiān lái.

天 气 热，
Tiānqì rè,
雷 声 响，
Léi shēng xiǎng,
大 雨 浇，
Dà yǔ jiāo,
夏 天 到。
Xiàtiān dào.

草 儿 枯，
Cǎo ér kū,
树 叶 黄，
Shùyè huáng
风 儿 轻，
Fēng ér qīng,
秋 天 来。
Qiūtiān lái.

天 气 冷，
Tiānqì lěng,
雪 花 飘，
Xuěhuā piāo,
寒 风 吹，
Hánfēng chuī,
冬 天 到。
Dōngtiān dào.

四 季
Sì jì

(A poem)

春 天 到 了 我 知 道，
Chūntiān dào le wǒ zhīdao,

花 儿 盛 开 小 鸟 叫。
Huā ér shèngkāi xiǎo niǎo jiào.

夏 天 到 了 我 知 道，
Xiàtiān dào le wǒ zhīdao,

大 家 衣 服 穿 得 少。
Dàjiā yīfu chuān de shǎo.

秋 天 到 了 我 知 道，
Qiūtiān dào le wǒ zhīdao,

满 地 树 叶 大 家 扫。
Mǎn dì shùyè dàjiā sǎo.

冬 天 到 了 我 知 道，
Dōngtiān dào le wǒ zhīdao,

北 风 吹 来 雪 花 飘。
Běi fēng chuī lái xuěhuā piāo.

多穿件衣服
Duō chuān jiàn yīfu

（早上）
(Zǎoshang)

玲玲： 妈，我去上学了。
Língling: Mā, wǒ qù shàngxué le.

妈妈： 玲玲，等一等。多穿件衣服再走。
Māma: Língling, děng yì děng. Duō chuān jiàn yīfu zài zǒu.

玲玲： 妈，我不要。听说今天有二十八度，不冷。
Língling: Mā, wǒ bú yào. Tīng shuō jīntiān yǒu èrshíbā dù, bù lěng.

妈妈： 带上吧，放在书包里。
Māma: Dài shang ba, fàng zài shūbāo lǐ.

玲玲： 我不要嘛，书包已经装满了。
Língling: Wǒ bú yào ma, shūbāo yǐjīng zhuāng mǎn le.

妈妈： 你呀，真不听话。
Māma: Nǐ ya, zhēn bù tīnghuà.

（下午放学的时候）
(Xiàwǔ fàngxué de shíhou)

小红： 玲玲，我们回家吧。你怎么了？
Xiǎo Hóng: Língling, wǒmen huíjiā ba. Nǐ zěnme le?

玲玲： 我不舒服。天气突然变了，我觉得很冷。
Língling: Wǒ bù shūfu. Tiānqì tūrán biàn le, wǒ juéde hěn lěng.

小红： 你为什么不多穿件衣服？
Xiǎo Hóng: Nǐ wèi shénme bù duō chuān jiàn yīfu?

玲玲： 今天不是说有二十八度吗？
Língling: Jīntiān bú shi shuō yǒu èrshíbā dù ma?

小红： 我妈妈说墨尔本的天气一会儿一变。
Xiǎo Hóng: Wǒ māma shuō Mò'ěrběn de tiānqì yìhuǐr yí biàn.

（回到家里）
(Huí dào jiā li)

玲玲： 呵欠，呵欠，呵…欠。
Língling: Aqiàn, aqiàn, a...qiàn.

妈妈： 玲玲，你呀不多穿衣服。
Māma: Língling, nǐ ya bù duō chuān yīfu.

看！感冒了吧？
Kàn! Gǎnmào le ba?

神 秘 的 盒 子
Shénmì de hézi

在 一 个 大 大 的 城 市 里，
Zài yí ge dàdà de chéngshì lǐ,
有 一 条 长 长 的 马 路。
yǒu tiáo chángcháng de mǎlù.

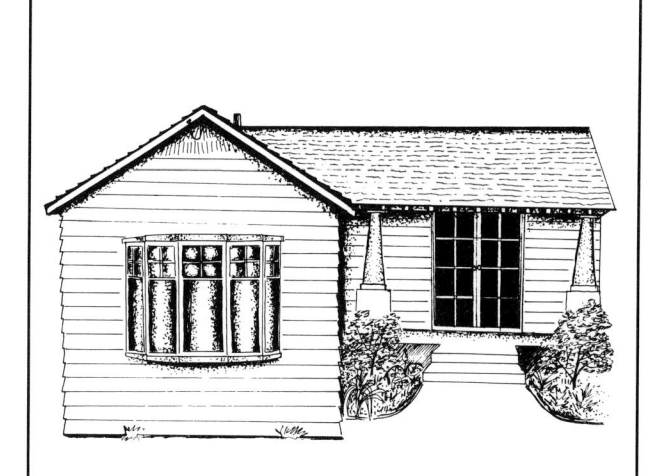

在 这 条 长 长 的 马 路 上，
Zài zhèi tiáo chángcháng de mǎlù shang,
有 一 所 白 白 的 房 子。
yǒu yì suǒ báibái de fángzi.

在 这 所 白 白 的 房 子 里，
Zài zhèi suǒ báibái de fángzi li,
有 一 间 热 闹 的 客 厅。
yǒu yì jiān rènao de kètīng.

在 这 间 热 闹 的 客 厅 里，
Zài zhèi jiān rènao de kètīng li,
有 一 棵 亮 亮 的 树。
yǒu yì kē liàngliàng de shù.

This story has been adapted from "L'Albero di Natale" in *Arcobaleno*, published by the Victorian Catholic Education Office

在 这 棵 亮 亮 的 树 下，
Zài zhèi kē liàngliàng de shù xià,
有 一 个 神 秘 的 盒 子。
yǒu yí ge shénmì de hézi.

在 这 个 神 秘 的 盒 子 里，
Zài zhèi ge shénmì de hézi li,
有 什 么 东 西 呢？
yǒu shénme dōngxi ne?

哦！ 是 一 双 漂 亮 的
O! Shì yì shuāng piàoliang de
轱 辘 鞋。
gūlu xié.

这 双 漂 亮 的 轱 辘 鞋，
Zhèi shuāng piàoliang de gūlu xié,
给 一 个 可 爱 的 妹 妹。
gěi yí ge kěài de mèimei.

小 明 寄 来 的 明 信 片
Xiǎomíng jì lái de míngxìnpiàn

- Read Xiǎomíng's postcard message to his pen pal Dàwèi, inviting him to Beijing for the summer. Which places and activities does Xiǎo Míng suggest would be interesting and fun to see and do?

大卫：

　　暑假快到了。你能来北京玩吗？我可以带你去故宫、颐和园和长城去玩。你看过大熊猫吗？北京动物园里有，我们可以去看。你喜欢放风筝吗？我们一起参加风筝比赛，好吗？

小明
5.20

David Lee
3 Willow Street
Black Rock 3193
Victoria
Australia

大 卫：

暑 假 快 到 了， 你 能 来 北 京 玩 吗？ 我
Shǔjià kuài dào le, nǐ néng lái Běijīng wán ma? Wǒ

可 以 带 你 去 故 宫， 颐 和 园 和 长 城 去 玩。
kěyǐ dài nǐ qù Gùgōng, Yíhéyuán hé Chángchéng qù wán.

你 看 过 大 熊 猫 吗？ 北 京 动 物 园 里 有， 我 们
Nǐ kàn guo Dàxióngmāo ma? Běijīng Dòngwùyuán lǐ yǒu, wǒmen

可 以 去 看。 你 喜 欢 放 风 筝 吗？ 我 们 一 起
kěyǐ qù kàn. Nǐ xǐhuan fàng fēngzheng ma? Wǒmen yìqǐ

参 加 风 筝 比 赛， 好 吗？
cānjiā fēngzheng bǐsài, hǎo ma?

小 明
Xiǎomíng

5 月20日
wǔyuè èrshírì

我 們 住 在 乡 下
Wǒmen zhù zài Xiāngxia

• Read these statements from children who come from farming families in China. Where do they live? Can you find the provinces (states) on a map of China? What kind of farming do the families do? Can you answer the questions asked about the farm produce?

1 我 的 爸 爸、妈 妈 是 农 民。我 家 住
   Wǒde   bàba,   māma shi nóngmín. Wǒ jiā zhù
   在 江 苏 农 村。我 们 养 蚕。你 知 道
   zài Jiāngsū nóngcūn. Wǒmen yǎng cán. Nǐ zhīdao
   养 蚕 有 什 么 用 吗？
   yǎng cán yǒu shénme yòng ma?

2 我 的 爸 爸、妈 妈 是 牧 民。我 家 住
   Wǒde   bàba,   māma shi mùmín. Wǒ jiā zhù
   在 內 蒙 古 大 草 原。我 们 养 牛、羊
   zài Nèiměnggǔ dà cǎoyuán. Wǒmen yǎng niú, yáng
   和 马。你 知 道 养 牛、羊 和 马 有 什 么
   hé mǎ. Nǐ zhīdao yǎng niú, yáng hé mǎ yǒu shénme
   用 吗？
   yòng ma?

3 我 的 爸爸、妈 妈 是 渔 民。我 家 住
Wǒde bàba, māma shi yúmín. Wǒ jiā zhù

在 广 东 海 边。我 们 打 鱼。你 知 道
zài Guǎngdōng hǎibiān. Wǒmen dǎyú. Nǐ zhīdao

怎 么 打 鱼 吗?
zěnme dǎyú ma?

4 我 是 一 个 牧 鸭 童。我 家 住 在 河 北
Wǒ shi yí ge mùyātóng. Wǒ jiā zhù zài Héběi

湖 边。我 们 养 鸭 子。你 知 道 养 鸭 子
húbiān. Wǒmen yǎng yāzi. Nǐ zhīdao yǎng yāzi

有 什 么 用 吗?
yǒu shénme yòng ma?

5 我 的 爸爸、妈 妈 是 农 民。我 家 住 在
Wǒde bàba, māma shi nóngmín. Wǒ jiā zhù zài

四 川 平 地。我 们 种 稻 子。你 知 道
Sìchuān píngdì. Wǒmen zhòng dàozi. Nǐ zhīdao

种 稻 子 有 什 么 用 吗?
zhòng dàozi yǒu shénme yòng ma?

6 我 的 爸爸、妈 妈 是 果 农。我 家 住
Wǒde bàba, māma shi guǒnóng. Wǒ jiā zhù

在 山 东 山 区。我 们 种 苹 果 和 梨。
zài Shāndōng shānqū. Wǒmen zhòng píngguǒ hé lí.

你 知 道 怎 么 照 看 果 树 吗?
Nǐ zhīdao zěnme zhàokàn guǒshù ma?

去 外 婆 家
Qù wàipó jiā

我 有 一 个 外 婆。
Wǒ yǒu yí ge wàipó.

你 知 道 不 知 道 外 婆 是 谁？
Nǐ zhīdao bù zhīdao wàipó shi shéi?

她 是 我 妈 妈 的 妈 妈。
Tā shi wǒ māma de māma.

我 也 有 一 个 外 公。
Wǒ yě yǒu yí ge wàigōng.

你 知 道 不 知 道 外 公 是 谁？
Nǐ zhīdao bù zhīdao wàigōng shi shéi?

对 了！他 是 我 妈 妈 的 爸 爸。
Duì le! Tā shi wǒ māma de bàba.

外 婆 家 住 在 香 港。
Wàipó jiā zhù zài Xiānggǎng.

今 年 放 假 的 时 候，
Jīnnián fàngjià de shíhou,

我 和 妈 妈 去 外 婆 家 了。
Wǒ hé māma qù wàipó jiā le.

外 婆 家 里 好 热 闹，
Wàipó jiā lǐ hǎo rènao,

有 外 公、外 婆、舅 舅、舅 母、
Yǒu wàigōng, wàipó, jiùjiu, jiùmǔ,

姨 母、姨 夫、哥 哥、姐 姐、
yímǔ, yífu, gēge, jiějie,

弟 弟、妹 妹、还 有 汪 汪 和 咪 咪。
dìdi, mèimei, hái yǒu Wāngwang hé Mīmi.

我 扳 着 手 指 头 数 一 数，
Wǒ bānzhe shǒuzhítou shǔyishǔ,

数 来 数 去 数 不 清。"唉！谁 能
shǔlái shǔqù shǔ bù qīng. "Ai! Shéi néng

借 给 我 几 个 手 指 头" 我 说。
jiè gěi wǒ jǐ ge shǒuzhítou" wǒ shuō.

大 家 听 了 都 笑 了。
Dàjiā tīng le dōu xiào le.

我 在 外 婆 家 过 了 一 个 愉 快
Wǒ zài wàipó jiā guò le yí ge yúkuài

的 假 期。
de jiàqī.

住在外婆家的日记

Zhù zài wàipó jiā de rìjì

第 一 天　　　　　　　　　　　　　星 期 一
Dì yì tiān　　　　　　　　　　　　　xīngqī yī

外 婆 带 我 去 买 菜。
Wàipó dài wǒ qù mǎi cài.

外 婆 给 我 买 了 一 个 大 飞 机。
Wàipó gěi wǒ mǎi le yí ge dà fēijī.

第 二 天　　　　　　　　　　　　　星 期 二
Dì èr tiān　　　　　　　　　　　　　xīngqī èr

外 公 带 我 去 钓 鱼。
Wàigōng dài wǒ qù diàoyú.

外 公 送 给 我 一 根 钓 竿。
Wàigōng sòng gěi wǒ yì gēn diàogān.

第 三 天　　　　　　　　　　　　　星 期 三
Dì sān tiān　　　　　　　　　　　　　xīngqī sān

舅 舅、舅 母 带 我 坐 渡 船。
Jiùjiu, jiùmǔ dài wǒ zuò dùchuán.

他 们 俩 送 给 我 一 顶 船 长 帽 子。
Tāmen liǎ sòng gěi wǒ yì dǐng chuánzhǎng màozi.

第 四 天　　　　　　　　　　　　　星 期 四
Dì sì tiān　　　　　　　　　　　　　xīngqī sì

姨 母、姨 夫 带 我 去 太 空 博 物 馆。
Yímǔ, yífu dài wǒ qù Tàikōng Bówùguǎn.

他 们 送 给 我 一 个 红 包。
Tāmen sòng gěi wǒ yí ge hóngbāo.

第 五 天　　　　　　　　　　　　　星 期 五
Dì wǔ tiān　　　　　　　　　　　　xīngqī wǔ

我 和 哥 哥、姐 姐 去 游 泳。
Wǒ hé gēge, jiějie qù yóuyǒng.
他 们 送 给 我 一 件 游 泳 裤。
Tāmen sòng gěi wǒ yí jiàn yóuyǒng kù.

第 六 天　　　　　　　　　　　　　星 期 六
Dì liù tiān　　　　　　　　　　　　xīngqī liù

我 和 弟 弟、妹 妹、汪 汪、咪 咪
Wǒ hé dìdi, mèimei, Wāngwang, Mīmi
在 家 里 玩。弟 弟、妹 妹 送 给 我
zài jiā lǐ wán. Dìdi, mèimei sòng gěi wǒ
一 本 集 邮 册。
yì běn jíyóu cè.

第 七 天　　　　　　　　　　　　　星 期 日
Dì qī tiān　　　　　　　　　　　　xīngqī rì

我 和 妈 妈 收 拾 东 西。
Wǒ hé māma shōushi dōngxi.
明 天 我 们 回 澳 大 利 亚。
Míngtiān wǒmen huí Àodàlìyà.

小 蟋 蟀
Xiǎo Xīshuài

我 要 给 你 介 绍 一 个 特 别 的
Wǒ yào gěi nǐ jièshào yí ge tèbié de

朋 友。她 就 是 林 西 惠。大 家 都 叫 她
péngyou. Tā jiù shi Lín Xīhuì. Dàjiā dōu jiào tā

小 蟋 蟀，因 为 她 象 蟋 蟀 一 样 活 泼、
Xiǎo Xīshuài, yīnwei tā xiàng xīshuài yíyàng huópo,

快 乐。
kuàilè.

小 蟋 蟀 住 在 中 国 最 大 的
Xiǎo Xīshuài zhù zài Zhōngguó zuì dà de

城 市—上 海。有 些 人 会 觉 得 住 在
chéngshì — Shànghǎi. Yǒu xiē rén huì juéde zhù zài

上 海 的 人 很 可 怜，因 为 那 儿 人 太
Shànghǎi de rén hěn kělián, yīnwei nàr rén tài

多，住 房 很 挤，交 通 也 不 方 便。
duō, zhù fáng hěn jǐ, jiāotōng yě bù fāngbiàn.

可 是 小 蟋 蟀 呢？她 很 喜 欢 住
Kěshì Xiǎo Xīshuài ne? Tā hěn xǐhuan zhù

在 上 海。她 告 诉 我："我 家 的 房 子
zài Shànghǎi. Tā gàosu wǒ: "Wǒ jiā de fángzi

很 小，只 有 两 个 房 间。我 晚 上 和
hěn xiǎo, zhǐ yǒu liǎng ge fángjiān. Wǒ wǎnshang hé

奶 奶 睡 在 一 起。不 过，这 样 很 好，
nǎinai shuì zai yìqǐ. Bú guò, zhèyàng hěn hǎo,

冬 天 奶 奶 很 暖 和，我 也 不 会 做 恶
dōngtiān nǎinai hěn nuǎnhe, wǒ yě bú huì zuò è

梦。"
mèng."

她 还 说：“在 上 海 交 通 真 是
Tā hái shuō: "Zài Shànghǎi jiāotōng zhēn shi

不 方 便，可 是 我 和 我 的 朋 友 不
bù fāngbiàn, kěshì wǒ hé wǒde péngyou bú

在 乎。我 们 都 是 邻 居，天 天 在 门 口
zàihu. Wǒmen dōu shi línjū, tiāntiān zài ménkǒu

一 起 玩 儿。我 们 的 学 校 离 家 很 近，
yìqǐ wánr. Wǒmen de xuéxiào lí jiā hěn jìn,

每 天 我 们 一 起 走 着 去 上 学。
měitiān wǒmen yìqǐ zǒuzhe qù shàngxué."

小 蟋 蟀 真 是 一 个 快 乐 的 人。
Xiǎo Xīshuài zhēn shi yí ge kuàilè de rén.

我 是 怎 样 认 识 小 蟋 蟀 的 呢？
Wǒ shi zěnyàng rènshi Xiǎo Xīshuài de ne?

去 年，妈 妈 学 习 中 文，带 我 去 中 国，
Qù nián, māma xuéxí Zhōngwén, dài wǒ qù Zhōngguó,

住 在 上 海。我 的 妈 妈 和 小 蟋 蟀 的
zhù zài Shànghǎi. Wǒde māma hé Xiǎo Xīshuài de

妈 妈 成 了 好 朋 友。所 以，我 和 小
māma chéng le hǎo péngyou. Suǒyǐ, wǒ hé Xiǎo

蟋 蟀 也 是 朋 友，我 们 天 天 在 一 起
Xīshuài yě shi péngyou, wǒmen tiāntiān zài yìqǐ

玩 儿。
wánr.

小 蟋 蟀 没 有 哥 哥、弟 弟，也 没
Xiǎo Xīshuài méi yǒu gēge, dìdi, yě méi

有 姐 姐、妹 妹。因 为 中 国 的 人 太 多，
yǒu jiějie, mèimei. Yīnwei Zhōngguó de rén tài dōu,

一 个 家 庭 只 能 生 一 个 孩 子。可 是
yí ge jiātíng zhǐnéng shēng yí ge háizi. Kěshì

小 蟋 蟀 一 点 儿 也 不 觉 得 寂 寞。她
Xiǎo Xīshuài yì diǎnr yě bù juéde jìmò. Tā

喜 欢 当 独 生 女。她 说：“这 样 妈 妈、
xǐhuan dāng dúshēng nǚ. Tā shuō: "Zhèyàng māma,

爸爸和奶奶只爱我一个。我是
bàba hé nǎinai zhǐ ài wǒ yí ge. Wǒ shi

他们的小公主。现在你就是我的
tāmen de xiǎo gōngzhǔ. Xiànzài nǐ jiù shi wǒde

从外国来的妹妹。"
cóng wàiguó lái de mèimei."

小蟋蟀真象我的姐姐一样。
Xiǎo Xīshuài zhēn xiàng wǒde jiějie yí yàng.

她教我说中国话，教我用毛笔写字。
Tā jiāo wǒ shuō Zhōngguó huà, jiāo wǒ yòng máobǐ xiězì.

她还教我玩中国游戏 — 跳
Tā hái jiāo wǒ wán Zhōngguó yóuxì — tiào

橡皮筋儿，踢毽子，丢沙袋和
xiàngpíjīnr, tī jiànzi, diū shādài hé

"跳房子"。
"Tiào Fángzi".

现在，我回到了我的国家，和
Xiànzài, wǒ huí dào le wǒde guójiā, hé

小蟋蟀不在一起了。 可是我忘不
Xiǎo Xīshuài bú zài yìqǐ le. Kěshì wǒ wàng bù

了她。我的妈妈常常帮助我用
liǎo tā. Wǒde māma chángcháng bāngzhù wǒ yòng

中文给她写信。她的妈妈也帮助
Zhōngwén gěi tā xiěxìn. Tāde māma yě bāngzhù

她用英文给我写信。长大以后，我
tā yòng Yīngwén gěi wǒ xiěxìn. Zhǎng dà yǐhòu, wǒ

一定要回上海去看小蟋蟀。 我
yídìng yào huí Shànghǎi qù kàn Xiǎo Xīshuài. Wǒ

希望她也会到这儿来看我。
xīwàng tā yě huì dào zhèr lái kàn wǒ.

清 水 湾
Qīngshuǐwān

我 住 的 地 方 是 一 个 美 丽 又
Wǒ zhù de dìfang shi yí ge měilì yòu

平 静 的 小 村 叫 清 水 湾，就 在 漓 江
píngjìng de xiǎo cūn jiào Qīngshuǐwān, jiù zài Lí Jiāng

旁 边，离 桂 林 不 远。
pángbiān, lí Guìlín bù yuǎn.

清 水 湾 很 小，可 是 我 觉 得 这
Qīngshuǐwān hěn xiǎo, kěshì wǒ juéde zhè

里 是 天 下 最 美 的 地 方。清 水 湾 的
li shi tiānxià zuì měi de dìfang. Qīngshuǐwān de

山，象 许 多 石 狮 子 在 保 护 着 我 们。
shān, xiàng xǔduō shí shīzi zài bǎohù zhe wǒmen.

清 水 湾 的 湖 水，象 母 亲 的 手 臂 环
Qīngshuǐwān de hú shuǐ, xiàng mǔqīn de shǒubei huán

抱 着 我 们。
bào zhe wǒmen.

我 叫 张 文 达。我 和 我 的 妈 妈、
Wǒ jiào Zhāng Wéndá. Wǒ hé wǒde māma,

爸 爸、爷 爷、叔 叔、婶 婶 还 有 我 的 堂
bàba, yéye, shūshu, shěnshen hái yǒu wǒde táng

弟 住 在 一 起。我 们 好 几 代 一 直 住
dì zhù zài yìqǐ. Wǒmen hǎo jǐ dài yìzhí zhù

在 清 水 湾。
zài Qīngshuǐwān.

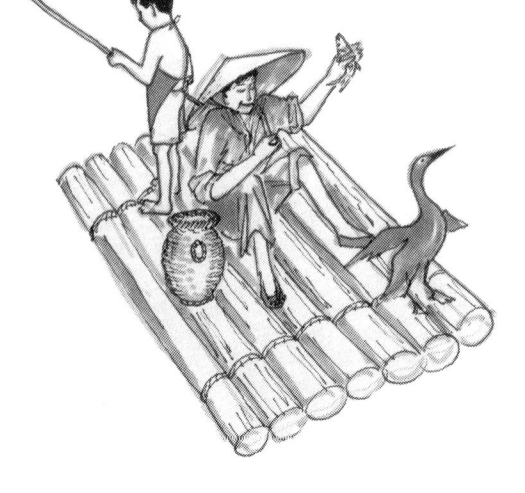

住 在 清 水 湾 的 人 们 每 天 都
Zhù zài Qīngshuǐwān de rénmen měitiān dōu

很 忙。我 的 爸 爸、叔 叔 和 婶 婶 从 早
hěn máng. Wǒde bàba, shūshu he shěnshen cóng zǎo

到 晚，打 鱼 的 打 鱼，种 稻 的 种 稻，
dào wǎn, dǎyú de dǎyú, zhòngdào de zhòngdào,

只 留 下 老 人 和 小 孩 儿 在 家 里。
zhǐ liúxia lǎorén hé xiǎoháir zài jiā li.

我 们 家 养 了 许 多 鸭 子。还 有
Wǒmen jiā yǎng le xǔduō yāzi. Hái yǒu

一 头 水 牛，它 叫 "大 力"。我 的 妈 妈、
yì tóu shuǐniú, tā jiào "Dàlì". Wǒde māma,

堂 弟 和 我 负 责 照 看 它 们。
táng dì hé wǒ fùzé zhàokàn tāmen.

每天，我上学以前，先把鸭子和
Měitiān, wǒ shàngxué yǐqián, xiān bǎ yāzi hé

"大力"赶到湖边去。下午放学以后，
"Dàlì" gǎn dào húbiān qù. Xiàwǔ fàngxué yǐhòu,

再把它们赶回家。堂弟负责打扫
zài bǎ tāmen gǎn huí jiā. Táng dì fùzé dǎsǎo

鸭舍和牛棚。
yāshè hé niúpéng.

星期一到星期六，我和堂弟
Xīngqī yī dào xīngqī liù, wǒ hé táng dì

去上学。我的妈妈划着竹筏送
qù shàngxué. Wǒde māma huázhe zhúfá sòng

我们过漓江。妈妈送完我们，就到
wǒmen guò Lí Jiāng. Māma sòng wán wǒmen, jiù dào

菜市场去。她在那儿卖我们家的
cài shìchǎng qù. Tā zài nàr mài wǒmen jiā de

鸭子和蛋，还有我们种的菜。
yāzi hé dàn, hái yǒu wǒmen zhòng de cài.

我的爷爷年纪大了。他天天
Wǒde yéye niánji dà le. Tā tiāntiān

和清水湾的老人们坐在榕树下，
hé Qīngshuǐwān de lǎorén men zuò zài róngshù xià,

有时聊天，有时下棋。等夏天到了，
yǒu shí liáotiān, yǒu shí xiàqí. Děng xiàtiān dào le,

他 喜 欢 带 着 我 们 家 的 鱼 鹰 去 漓
tā xǐhuan dài zhe wǒmen jiā de yúyīng qù Lí

江 捉 鱼。
Jiāng zhuō yú.

清 水 湾 很 多 人 家 都 有 鱼 鹰。
Qīngshuǐwān hěn duō rén jiā dōu yǒu yúyīng.

从 很 久 以 前，漓 江 旁 的 渔 夫 就 用
Cóng hěn jiǔ yǐqián, Lí Jiāng páng de yúfū jiù yòng

这 个 方 法 捉 鱼。渔 夫 把 一 个 铁 环
zhè ge fāngfǎ zhuō yú. Yúfū bǎ yí ge tiě huán

套 在 鱼 鹰 的 脖 子 上，这 样 鱼 鹰 就
tào zài yúyīng de bózi shang, zhèyàng yúyīng jiù

不 能 把 鱼 吃 掉 了。
bú néng bǎ yú chī diào le.

朋 友，希 望 你 将 来 能 到 我 们
Péngyou, xīwàng nǐ jiānglái néng dào wǒmen

的 小 村 子 来 玩。我 想 你 也 会 象 我
de xiǎo cūnzi lái wán. Wǒ xiǎng nǐ yě huì xiàng wǒ

一 样 喜 欢 清 水 湾 的。
yíyàng xǐhuan Qīngshuǐwān de.

愚 公 移 山
Yúgōng yí shān

(A dramatised story)

NARRATOR: Many years ago in ancient China there was an old man called Yúgōng who lived with his family at the foot of a high mountain. Every time he wanted to go to town he had to climb over the mountain. One day he said to his wife and sons, "Let us move the mountain. It is in our way."

愚公： 这 座 大 山 挡 在 门 口，我 们 把
Yúgōng: Zhè zuò dà shān dǎng zài mén kǒu, wǒmen bǎ
它 搬 走，好 吗？
tā bān zǒu, hǎo ma?

儿 子 和 孙 子 们： 好。
Érzi hé sūnzimen: Hǎo.

NARRATOR: "How can you do that?" his wife asked. "You are an old man and you are no longer strong. Besides, what will you do with the rocks and earth?"

愚婆： 你 太 老 了，你 怎 么 能 搬 走 大 山 呢？
Yúpó: Nǐ tài lǎo le, nǐ zěnme néng bān zǒu dà shān ne?

NARRATOR: "I might be old," replied Yúgōng, "but my heart is young. We can throw the rocks and earth into the sea."

愚公： 我 人 老 了，可 是 我 心 不 老。
Yúgōng: Wǒ rén lǎo le, kěshi wǒ xīn bù lǎo.

儿 子 和 孙 子 们： 我 们 把 石 头 扔 到
Érzi hé sūnzimen: Wǒmen bǎ shítou rēng dào
海 里 去。
hǎi lǐ qù.

愚婆： 好 啊！我 们 明 天 就 开 始。
Yúpó: Hǎo a! Wǒmen míngtiān jiù kāishǐ.

NARRATOR: Next morning they all got up early to start digging. Soon, some of their neighbours and friends joined them. They carried the rocks and earth away in baskets to the sea.

儿 子 和 孙 子 们： 明 天 早 上 六 点 我 们 起 床。
Érzi hé sūnzimen: Míngtiān zǎoshang liù diǎn wǒmen qǐchuáng.

愚公：如果大家一起干，很快就能
Yúgōng:　Rúguǒ　dàjiā　yìqǐ　gàn,　hěn　kuài　jiù　néng

把山搬走。
　　　　 bǎ　shān bān zǒu.

NARRATOR: At this time, there was a wise scholar living in the city.
When he heard what Yúgōng was doing, he went to see him.
"You are a fool!" he cried. "How can you move a mountain?
Besides, you are old. How can you hope to finish the work before
you die?"

学者：你疯了！人怎么能搬走大山
　Xuézhě:　Nǐ　fēng　le！Rén　zěnme　néng bān zǒu dà　shān

呢！而且，你这么大年纪了。
　　 ne！Érqiě,　nǐ　zhème　dà　niánjì　le.

NARRATOR: "Once my mind is made up, nothing can stop me,"
Yúgōng answered. "If I die, my sons will carry on the work.
When they die, their sons will carry on the work. Why should I
worry about not being able to finish it?"

愚公：我虽然快要死了，但是我有
Yúgōng:　Wǒ　suīrán　kuài yào sǐ　le,　dànshì　wǒ　yǒu

儿子，儿子死了，又有孙子。人
　　　　 érzi,　érzi　sǐ　le,　yòu yǒu　sūnzi.　Rén

越来越多，山越搬越少，对不对？
　　 yuèlái　yuèduō,　shān　yuèbān　yuèshǎo, duì　bú　duì?

NARRATOR: When the wise scholar heard this, he had nothing to say
and went away. Yù Dì (The Jade Emperor) heard about Yúgōng
and was very moved by his determination. He sent two celestial
helpers to remove the rest of the mountain.

玉帝：这个老人真有决心，你们帮
　Yù Dì:　Zhèige　lǎorén　zhēn yǒu　juéxīn,　nǐmen　bāng

他把山搬走吧。
　　 tā　bǎ　shān bān zǒu　ba.

神童们：好吧，我们马上就去。
Shéntóngmen:　Hǎo ba,　wǒmen mǎshàng jiù　qù.

NARRATOR: Since that time Yúgōng's family has been happy because
there is nothing in their way at all.

武 松 打 虎
Wǔ Sōng kills the tiger

(A dramatised story)

NARRATOR: This is a curious story about a man who ended up an
unlikely hero throughout all of China. His name was Wǔ Sōng and,
though he lived long, long ago, children throughout China today
all know the story of how Wǔ Sōng killed a very fierce tiger with
just a stick.

Listen carefully, now. This is the story of "Wǔ Sōng dǎ hǔ".

One evening, Wǔ Sōng was trudging home through the forest.
He was feeling a little tired, and more than a little woozy. You
see, Wǔ Sōng was quite a drunkard. Whereas his friends would
meet together at the wine shop to gossip and relax over a couple
of bowls of rice wine at the end of a hard day's work, Wǔ Sōng
would brag that he could drink twenty bowls of rice wine without
getting drunk.

"Old Wǔ," his friends would say, "be careful or you will be too
drunk to walk."

"Not likely!" Wǔ Sōng would brag. "Don't you worry, I could
drink a hundred bowls and then walk a hundred kilometres."

朋友一：老武，别喝醉了，你还得赶路。
Péngyou yī:　Lǎo Wǔ,　bié　hē zuì　le,　nǐ　hái děi　gǎnlù.

武松：没关系，我就是喝一百碗也能走。
Wǔ Sōng: Méi　guānxi,　wǒ jiù　shi　hē　yì　bǎi wǎn yě néng zǒu.

NARRATOR: On this particular evening, Wǔ Sōng's friends had
begged him to sleep the night at their home as he was too drunk
to make it back to his own village. Furthermore, a marauding
tiger was roaming the forests through which Wǔ Sōng must walk
to his village. The tiger had been terrifying the people who lived
in the little villages dotted up and down the forested hillsides.

"Have you heard? Old Li was attacked while
working in his field and gobbled up."

"Old Mother Mao's ox has disappeared."

"And the Chen family's best pig."

"It'll be the tiger for sure."

"Terrible, terrible! What can we do?"

"Soliders are trying to hunt him down."

朋友二：你有没有听说，老李在田里干活
Péngyou èr:　Nǐ yǒu méiyou　tīng shuō, Lǎo Lǐ　zài　tiánli　gànhuó

时被老虎吃掉了？
shí　bèi　lǎohǔ　chī diào le?

朋友三：毛大妈的牛也不见了！
Péngyou sān: Máo dàmā de niú yě bú jiàn le!

朋友四：还有 陈家的那头大肥猪！
Péngyou sì: Hái yǒu Chén jiā de nà tóu dà féi zhū!

朋友五：肯定是老虎吃掉了。
Péngyou wǔ: Kěndìng shi lǎohǔ chī diào le.

朋友六：太可怕了，太可怕了。我们
Péngyou liù: Tài kěpà le, tài kěpà le. Wǒmen
怎么办？
zénme bàn?

朋友七：士兵们 正在想办法干掉它。
Péngyou qī: Shìbīngmen zhèng zài xiǎng bànfǎ gàn diào tā.

NARRATOR: But Wǔ Sōng paid no attention to their advice. He was quite drunk and this made him feel like the bravest soldier in the land. "Just let this tiger come near me and I'll kill him good and dead."

武松：叫老虎来吧，我要打死它。
Wǔ Sōng: Jiào lǎohǔ lái ba, wǒ yào dǎ sǐ ta.

NARRATOR: As he staggered along through the forest toward home he kept yelling out, "Come on tiger, come out and fight."

武松：老虎出来吧，我要跟你较量较量。
Wǔ Sōng: Lǎohǔ chū lái ba, wǒ yào gēn nǐ jiàoliang jiàoliang.

NARRATOR: But the drink also made him very sleepy, and so when he stumbled over a nice, rounded rock he didn't get up, but cuddled up to the rock and fell sound asleep.
"GR-R-R-R-OW-L!"
"Ai oh, ai oh, what is it? Who is it?" Wǔ Sōng was sitting up with his eyes wide open.

武松：呼⋯ 呼⋯ 呼⋯ 啊⋯ 哎哟，
Wǔ Sōng: Hu . . . hu . . . hu . . . a . . . aiyo,
这是什么？你是谁？
zhè shi shénme? Nǐ shi shéi?

NARRATOR: His heart hammering, his head throbbing, his stomach churning, his whole body sweating, Wǔ Sōng sat there looking straight at the glistening, jade eyes of the biggest, fiercest tiger he had ever imagined.
"Mmmmmmm, a fat, juicy dinner!" growled the tiger.
"This is it, I'm done for," whimpered Wǔ Sōng.

老虎：啊，多么大的一块肉啊！嗯，嗯。
Lǎohǔ:　A,　duōme　dà　de　yí　kuài　ròu a!　En,　en.

武松：糟了，真是老虎。这下没命了。
Wǔ Sōng: Zāo　le,　zhēn shi　lǎohǔ.　Zhèixià méi mìng le.

NARRATOR: Wǔ Sōng, although terrified, knew he must try to save himself. He'd had such a fright he was suddenly stone-cold sober and his mind raced with ideas. "I'll climb a tree. No, I'll run to the river," he said to himself.

武松：赶快爬到树上 去。不，跑到河里去。
Wǔ Sōng: Gǎnkuài　pá dào shù shàng qù.　Bù,　pǎo dào hé　lǐ　qù.

NARRATOR: Wǔ Sōng leapt to his feet. No drunken staggering now. He was going to have to run for his life. But the tiger was right behind him and crouching ready to spring. Wǔ Sōng leapt toward a branch hanging low down from a big tree, but . . . CRASH . . . the branch gave way and Wǔ Sōng was sprawled on the ground with a bit of the branch still in his hands.

　　"God help me! Save me!" prayed Wǔ Sōng to whoever might be listening.

武松：天那！救命啊！
Wǔ Sōng: Tiān na!　Jiù mìng a!

NARRATOR: The crash from the tree checked the tiger's spring for a moment. He seemed to smile and say, "Ha, ha, ha. No rush. I'll eat you slowly, piece by piece."

老虎：哈哈。别跑！乖乖地让我吃掉你！
Lǎohǔ:　Ha ha.　Bié pǎo! Guāiguāi de ràng wǒ chī diào nǐ!

NARRATOR: Wǔ Sōng knew his only chance was to try to fend off the tiger with the stick. He wasn't feeling at all brave now that he was sober, but at least he could stand firmly, see clearly and think of a plan. "I mustn't let the tiger see I am afraid. I will fight him with this stick and make as much noise as I can to attract help."

武松：不能让老虎看出我害怕。用棍子跟
Wǔ Sōng:　Bù néng ràng lǎohǔ　kàn chū wǒ　hàipà.　Yòng gùnzi　gēn
　　　　它打。
　　　　tā　dǎ.

NARRATOR: And so, before the tiger sprang at him, Wǔ Sōng leapt to his feet, let out a fierce yell and sprang towards the tiger brandishing his stick. "Ai, yi, yi! Death to you, you simpering pussycat. Eat me, would you? Ha, ha. I'll be wearing your coat this winter."

武松：嘿，想吃我？没门儿！打死你，我要
Wǔ Sōng: Hei, xiǎng chī wǒ? Méi ménr! Dǎ sǐ nǐ, wǒ yào

剥 你 的 皮！
bō nǐde pí!

NARRATOR: And he struck the tiger: on the nose, behind his ears, over his head, across his back.

"Take that, and that, and that," he cried and let out a blood-curdling scream. "YYY-I-I-I!"

武松：打！打！打！
Wǔ Sōng: Dǎ! dǎ! dǎ!

NARRATOR: The tiger was so surprised by the change in his victim that he hesitated. Wǔ Sōng's sudden scream and leap quite shook him. And then the blows from the stick began to pound into every part of his body. He growled, and snapped and tried to escape from the pain of the blows, but it was already too late. Wǔ Sōng had become a madman with his stick, screaming, pounding, crashing his stick, until at last a very heavy blow across the tiger's head broke its neck and the tiger fell dead at Wǔ Sōng's feet.

武松：怎么？你死了吗？
Wǔ Sōng: Zěnme? Nǐ sǐ le ma?

NARRATOR: Wǔ Sōng gazed with puzzlement at the dead body of the tiger. Suddenly, his legs went to jelly, his head began to spin and he fainted across his tiger.

A few minutes later, mounted soldiers came galloping through the forest, followed closely by all the nearby villagers. The soldiers had been out all day and night hunting for the tiger. The villagers had all been lying restlessly in their beds worrying about the tiger. All had heard Wǔ Sōng's terrible cries and the tiger's ferocious yowls, and came hurrying to try to save him.

"My God! What is this?" cried the leader of the soldiers.

"This man has killed the tiger," said one of the soldiers in disbelief.

"But it has cost him his own life."

"Hey," cried one of the villagers. "It's Wǔ Sōng. Old Wǔ has killed the tiger."

"Ai, oh. But the tiger has killed Old Wǔ."

士兵一：天那！这是什么？
Shìbīng yī: Tiān na! Zhè shi shénme?

士兵二：这个人把老虎打死了。
Shìbīng èr: Zhèige rén bǎ lǎohǔ dǎ sǐ le.

村民：嘿，是武松。老武把老虎打死了。
Cūn mín: Hei, shi Wǔ Sōng. Lǎo Wǔ bǎ lǎohǔ dǎ sǐ le.

士兵三：嗨。老武也死了。
Shìbīng sān: Hai. Lǎo Wǔ yě sǐ le.

NARRATOR: Just at that moment, Wǔ Sōng let out a groan and opened his eyes. He felt awful. Hundreds of people seemed to be surrounding him, all pointing and shouting. And his head was throbbing; in fact, his whole body was throbbing. This was the worst hangover he had ever had. "Oh, it's a nightmare," he groaned. "I'm never going to drink another bowl of rice wine, ever again."

武松：噢，真是一场恶梦。下次再也不喝酒了。
Wǔ Sōng: O, zhēn shi yì chǎng è mèng. Xià cì zài yě bù hē jiǔ le.

NARRATOR: He tried to snuggle down into the soft warm blanket underneath him and go back to sleep. But, next thing he knew, he was being dragged to his feet. People were slapping his back and pinching his cheeks. A very important-looking soldier was hoisting him up onto a horse. "No, no. What are you doing? I've done nothing wrong. A little too much to drink, that's all," Wǔ Sōng pleaded with the guards.

武松：不。不。你们要干什么？我没干坏事。
Wǔ Sōng: Bù. Bù. Nǐmen yào gàn shénme? Wǒ méi gàn huài shì.
就是多喝了一点儿酒。
Jiù shi duō hēle yìdiǎnr jiǔ.

NARRATOR: Wǔ Sōng eventually recovered from his ordeal and was quite surprised to hear that he was a hero. You see, he didn't remember anything about his fight with the tiger. He was made the Chief Protector of all the people throughout all the towns and villages in his province. And, because he suddenly had so much responsibility and the people respected him so much, he tried to do his job well, and he never, ever drank more than one bowl of rice wine when he visited the wine shop with his friends.

Cáo Chōng weighs an elephant

(A dramatised story)

NARRATOR: One day, a very long time ago, in China, an elephant was presented to Emperor Cáo Cāo by a prince from another country. "Your Celestial Majesty," said the Prince, "I bring you this majestic elephant as a token of my country's esteem for you."

王子：陛下，我带来一只大象送给您。
Wángzǐ: Bìxià, wǒ dài lái yì zhī dàxiàng sòng gěi nín.

NARRATOR: Cáo Cāo, the Emperor, his officers, wives and his favourite son Cáo Chōng all attended the presentation ceremony. They all marvelled at this splendid gift.

"He is indeed majestic," said the wives.
"Truly the largest elephant in all the world," said the officers.
"I wonder how much he weighs?" said Cáo Chōng.
"We will find out. Have this elephant weighed," commanded Cáo Cāo.

大臣一：这只大象真大呀！
Dàchén yī: Zhèizhī dàxiàng zhēn dà ya!

大臣二：是啊，太大了！
Dàchén èr: Shì a, tài dà le!

曹冲：这么大，它会有多重呢？
Cáo Chōng: Zhème dà, tā huì yǒu duō zhòng ne?

曹操：我们来称称。
Cáo Cāo: Wǒmen lái chēngcheng.

NARRATOR: This command caused the Emperor's officers to scratch their beards in dismay. "But, Your Majesty, how can we weigh an elephant?"

大臣三：万岁，这只大象这么大，没有
Dàchén sān: Wànsuì, zhèizhī dàxiàng zhème dà, méiyǒu

这么大的秤啊！
zhème dà de chèng a!

NARRATOR: Now, Cáo Cāo was feared throughout the land for his bad temper, but he was also very clever. He liked to test his officers' ability to solve problems and if they couldn't find good solutions . . . well, anything might happen. "Do I not have the cleverest people in all of China helping me to rule? Does not the country pay you excellent gold to provide solutions?" he asked slyly.

曹操: 沒有人会称吗？你们只会吃饭吗？
Cáo Cāo: Méiyǒu rén huì chēng ma? Nǐmen zhǐ huì chīfàn ma?

NARRATOR: "It is so, Your Majesty, but . . ."
"I don't want to hear excuses," interrupted Cáo Cāo angrily.
"Weigh this elephant immediately, or you will all be punished."

大臣四: 嗯…是，可是……
Dàchén sì: En . . . shì, kěshì . . .

曹操: 不要说了，滚开！
Cáo Cāo: Bú yào shuō le, gǔn kāi!

NARRATOR: The officers all looked very worried and walked around
deep in thought, pulling at their beards. Suddenly, one officer
looked up and said excitedly, "I have it! We can kill the elephant,
cut it into chunks and weigh it."

大臣五: 万岁，我知道怎么称了。把大象
Dàchén wǔ: Wànsuì, wǒ zhīdao zěnme chēng le. Bǎ dàxiàng
切成几块，就可以称了。
qiē chéng jǐ kuài, jiù kěyǐ chēng le.

NARRATOR: Some of the officers laughed. The Prince went pale. Cáo
Cāo looked at the officer with a face as black as thunder. "Kill it?
Cut it into bits? This magnificent beast? If you do not get out of
my sight to the farthest area of China, I will have *you* killed and
chopped in bits."

曹操: 切成几块？笨蛋！把你切成几块！
Cáo Cāo: Qiē chéng jǐ kuài? Bèndàn! Bǎ nǐ qiē chéng jǐ kuài!

NARRATOR: The officer fled from Cáo Cāo's sight. The others all
returned to their thinking. "Of course!" a second officer threw up
his hands happily. "We can make a giant balance, and have the
strongest soldier in all of China pick it up and weigh the
elephant."

大臣六: 我知道了。我知道了。我们可以
Dà chén liù: Wǒ zhīdao le. Wǒ zhīdao le. Wǒmen kěyǐ
做一杆大秤，让最有劲的人来
zuò yì gǎn dà chèng, ràng zuì yǒu jìn de rén lái
称。
chēng.

NARRATOR: Cáo Cāo couldn't believe his ears, which turned red in fury. "Idiot!" he shouted. "If you don't get out of my sight to the farthest point in China this instant, I will have this elephant pick you up and hurl you there."

曹操：你也是笨蛋！滚开！

Cáo Cāo: Nǐ yě shi bèndàn! Gǔn kāi!

NARRATOR: By now, all the officers were unable to offer any ideas at all, so terrified were they of Cáo Cāo's anger. Suddenly, a small but intelligent voice was heard. This was Cáo Chōng, Cáo Cāo's favourite son.

"Father, I believe I know a way to weigh the elephant."

"Ah, my boy," Cáo Cāo's voice was suddenly gentle. "Can it be that you are more clever than all my clever officers? Come, let us see how you will do it."

曹冲：爸爸，我有一个办法！

Cáo Chōng: Bàba, wǒ yǒu yí ge bànfǎ!

曹操：啊，我的孩子，你有什么好办法？

Cáo Cāo: A, wǒde háizi, nǐ yǒu shénme hǎo bànfǎ?

快说说。

Kuài shuōshuo.

NARRATOR: Cáo Chōng led the elephant down to the wharf where many fishing boats were tied up. Cáo Cāo, the Prince, the officials, the wives and many other onlookers gathered around, curious.

"What is he doing?" people asked each other.

"Look, he has coaxed the elephant onto that fishing boat."

"Oh dear, I think it's going to sink."

"No, it won't. But the water is almost over the sides of the boat."

旁观一：他要干什么？这么小的船能

Pángguān yī: Tā yào gàn shénme? Zhème xiǎo de chuán néng

放的下大象？

fàngde xià dàxiàng?

旁观二：快看哪！小船要沉了！

Pángguān èr: Kuài kàn na! Xiǎo chuán yào chén le!

旁观三：天那！水差一点儿进到小船里。

Pángguān sān: Tiān na! Shuǐ chà yì diǎnr jìn dào xiǎo chuán lǐ.

旁观四：不要紧张，小船不会沉。

Pángguān sì: Bú yào jǐnzhāng, xiǎo chuán bú huì chén.

NARRATOR: But they all fell silent as Cáo Chōng turned to his father and said, "Father, have one of your officials mark where the water has come to up the side of the boat."

曹冲：爸爸，让一个人在船边 画上水
Cáo Chōng: Bàba,　ràng yí　ge rén zài chuánbiān huà shang shuǐ

的位置。
de　wèizhi.

NARRATOR: "Now what is he doing?" people were asking each other.
"He's ordered the officials to get the elephant out of the boat."
"How can he weigh an elephant like this?"
"This is nonsense!"

旁观五：现在他要干什么？
Pángguān wǔ: Xiànzài　tā yào gàn shénme?

旁观六：看，大象又上 岸了。
Pángguān liù: Kàn, dàxiàng yòu shàng àn　le.

旁观七：我不明白这是做
Pángguān qī:　Wǒ bù míngbai zhè shi zuò

什么。
shénme.

NARRATOR: After the elephant was safely out of the boat, Cáo Chōng again spoke to his father. "Father, now order some of your men to bring some big, heavy stones. They must fill the boat with them until the water rises up the sides again to the same line."

曹冲：爸爸，让人搬一些石头到 船上，直到
Cáo Chōng: Bàba,　ràng rén bān　yìxiē　shítou dào chuán shàng, zhí dào

河水达到 船边 的记号。
héshuǐ　dá dào chuánbiān de　jìhao.

NARRATOR: Cáo Cāo beamed at his clever son. "Ah ha, my bright boy. You are your father's son." And then, turning to his officials, he glared at them: "Fools, you are a pack of fools!"

曹操：噢，我聪明的孩子。真是我的好孩子。
Cáo Cāo:　O,　wǒ cōngming de　háizi.　Zhēn shi wǒde hǎo　háizi.

你们都是大笨蛋! 笨蛋!
Nǐmen dōu shi dà　bèndàn! Bèndàn!

NARRATOR: Some of the crowd of onlookers began to smile. "Of course! Cáo Chōng is truly very clever. He has thought of a way to weigh an elephant." But most still looked bewildered. "What are you saying? How has he weighed the elephant? I don't understand."

旁观四：噢，我明白了。曹 冲 真聪明。
Pángguān sì: O, wǒ míngbai le. Cáo Chōng zhēn cōngming.

旁观三：你说什么？我怎么还不明白？
Pángguān sān: Nǐ shuō shénme? Wǒ zěnme hái bù míngbai.

NARRATOR: What about all of you listening to this story? Do you know how Cáo Chōng weighed the elephant?

From that day Cáo Chōng became very famous throughout China for his cleverness in solving problems. Often, Cáo Cāo would set problems to test his officials. And often, they would quietly go to Cáo Chōng and ask for his advice on the matter.

登 鹳 雀 楼
Dēng Guànquèlóu

王 之 涣
Wáng Zhīhuàn

白 日 依 山 尽，
Bái rì yī shān jìn,

黄 河 入 海 流。
Huánghé rù hǎi liú.

欲 穷 千 里 目，
Yù qióng qiān lǐ mù,

更 上 一 层 楼。
Gèng shàng yì céng lóu.

静 夜 思
Jìng yè sī

李 白
Lǐ Bái

床 前 明 月 光，
Chuáng qián míng yuè guāng,

疑 是 地 上 霜。
Yí shì dì shang shuāng.

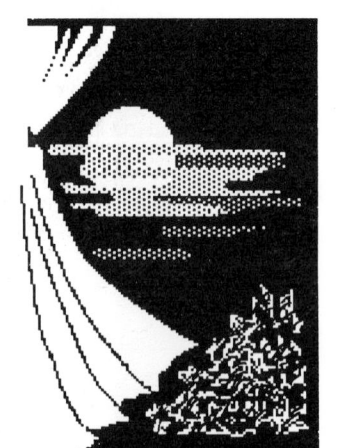

举 头 望 明 月，
Jǔ tóu wàng míng yuè,

低 头 思 故 乡。
Dī tóu sī gùxiāng.

起 来
Qǐlái
(中 国 国 歌)
(Zhōngguó guógē)
(The national anthem of China)

起
Qǐ

来! 不 愿 做 奴 隶 的 人 们! 把 我 们 的 血 肉
lái! Bú yuàn zuò núlì de rénmen! Bǎ wǒmende xuèròu

筑 起 我 们 新 的 长 城! 中 华 民 族
zhù qǐ wǒmen xīnde chángchéng! Zhōnghuá mínzú

到 了 最 危 险 的 时 候, 每 个 人 被 迫 着 发 出
dào le zuì wēixiǎn de shíhou, měi ge rén bèipòzhe fā chū

最 后 的 吼 声。 起 来! 起 来! 起 来!
zuìhòu de hǒu shēng. Qǐ lái! Qǐ lái! Qǐ lái!

我 们 万 众 一 心, 冒 着 敌 人 的 炮 火 前 进!
Wǒmen wàn zhòng yì xīn, màozhe dírén de pào huǒ qiánjin!

冒 着 敌 人 的 炮 火 前 进! 前 进! 前 进! 进!
Màozhe dírén de pào huǒ Qiánjìn! Qiánjìn! Qiánjìn! Jìn!

小 明 的 来 信
Xiǎomíng de lái xìn

Read Xiǎomíng's letter to his new Australian pen pal, Dàwèi, introducing himself and asking about Australia.

Wang Xiaoming
201/26 Youyi Building
Fuxingmen Road
Beijing
P.R. China

David Lee
3 Willow Street
Black Rock, Victoria 3193
Australia

BY AIRMA

大 卫：你 好!
Dàwèi:　　Nǐ　hǎo!

我 叫 王 小 明，今 年 十 一 岁。我 读
Wǒ　jiào Wáng Xiǎomíng, jīn nián shíyī suì.　Wǒ dú

了 你 的 来 信 很 高 兴。我 很 愿 意 做
le　nǐde　lái xìn hěn gāoxìng.　Wǒ hěn yuànyì　zuò

澳 大 利 亚 孩 子 的 笔 友。我 很 想 知 道
Àodàlìyà　　　háizi　de　bǐyǒu.　Wǒ hěn xiǎng zhīdao

澳 大 利 亚 是 什 么 样 子。墨 尔 本 在
Àodàlìyà　　shì shénme yàngzi.　Mò'ěrběn zài

澳 大 利 亚 什 么 地 方？墨 尔 本 有 多 少 人 口？
Àodàlìyà　　shénme dìfang?　Mò'ěrběn yǒu duōshǎo rénkǒu?

天 气 怎 样？夏 天 很 热 吗？冬 天 会 下 雪
Tiānqì　zěnyàng? Xiàtiān hěn rè ma? Dōngtiān huì xiàxuě

吗？墨 尔 本 有 什 么 好 玩 的 地 方？我 只
ma?　Mò'ěrběn yǒu shénme hǎo wán de dìfang?　Wǒ zhǐ

知 道 澳 大 利 亚 有 袋 鼠。还 有 什 么
zhīdao　Àodàlìyà　yǒu dàishǔ.　Hái yǒu shénme

其 它 动 物？请 你 写 信 告 诉 我 好 吗？
qítā　dòngwu? Qǐng nǐ xiěxìn gàosu wǒ hǎo ma?

你 的 新 笔 友
Nǐde　xīn bǐyǒu

王 小 明
Wáng Xiǎomíng

94.6.8

小明的家在北京
Xiǎo Míng de jiā zài Běijīng

This is a floor plan of Xiǎo Míng's home in Beijing.

- Can you work out who lives here with Xiǎo Míng? Compare the number of rooms and the contents in this typical Beijing apartment (flat) with typical homes in Australia.

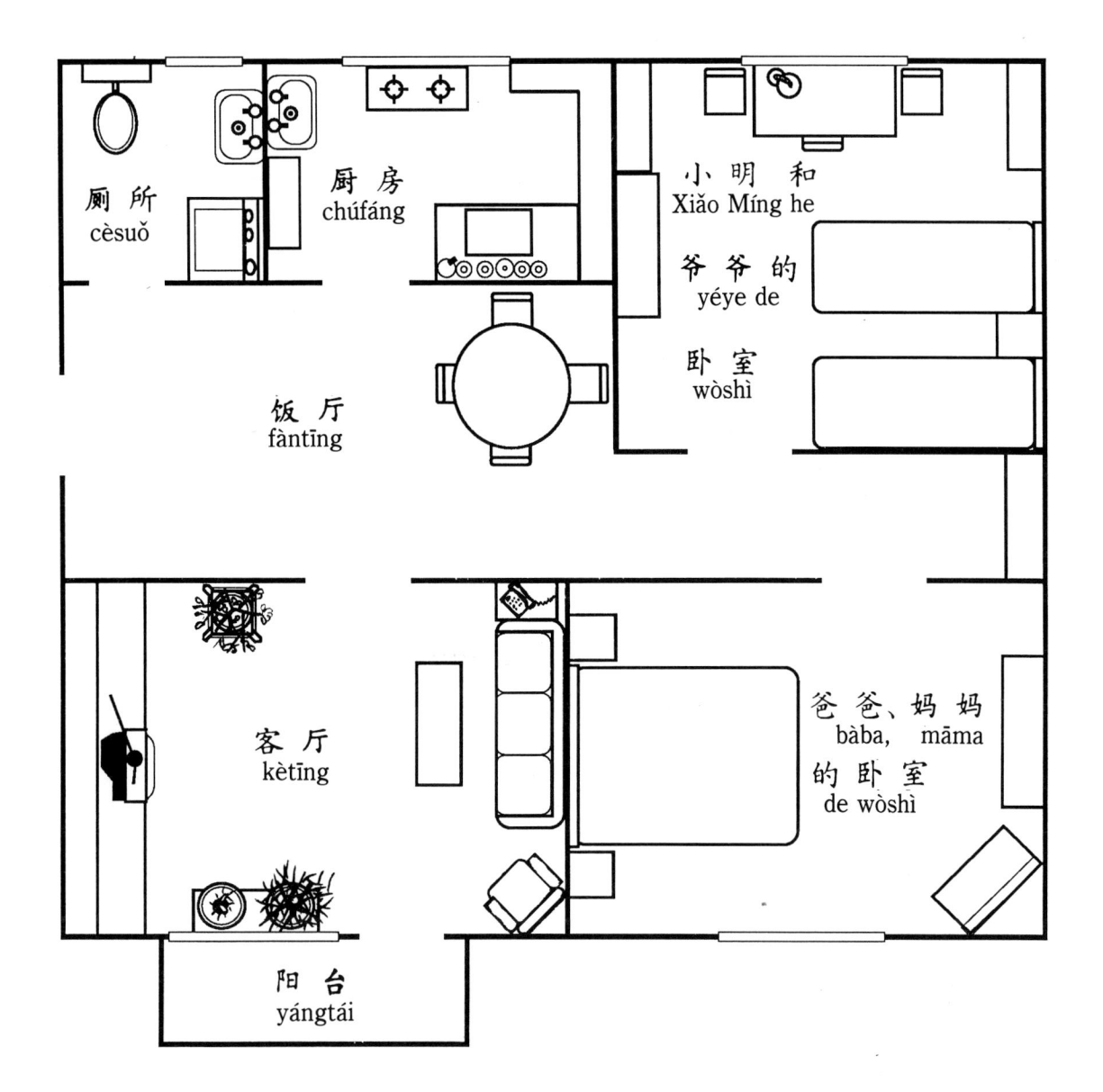

厕所
cèsuǒ

厨房
chúfáng

饭厅
fàntīng

小明和
Xiǎo Míng he

爷爷的
yéye de

卧室
wòshì

客厅
kètīng

爸爸、妈妈
bàba, māma
的卧室
de wòshì

阳台
yángtái

- Listen to your teacher describing Xiǎo Míng's home, and decide whether the statements are true or false ("对"or"不对").

还 是 不 知 道
Hái shi bù zhīdao

小 明 每 天 晚 上 都
Xiǎo Míng měitiān wǎnshang dōu

不 知 道 他 是 怎 样 睡 着
bù zhīdao tā shi zěnyàng shuì zháo

的。
de.

这 天 晚 上，他 想
Zhètiān wǎnshang, tā xiǎng

看 看 自 己 是 怎 样 睡 着
kànkan zìjǐ shi zěnyàng shuì zháo

的。
de.

他 躺 在 床 上，等 自 己
Tā tǎng zài chuáng shang, děng zìjǐ

睡 着。
shuì zháo.

八 点 半，他 听 到
Bā diǎn bàn, tā tīng dào

妈 妈 在 煮 咖 啡。
māma zài zhǔ kāfēi.

九 点 半, 他 听 到
Jiǔ diǎn bàn, tā tīng dào
爸 爸 在 刷 牙。
bàba zài shuāyá.

十 点 钟, 他 听 到
Shí diǎn zhōng, tā tīng dào
爸 爸 锁 好 了 前 门。
bàba suǒ hǎo le qián mén.

十 二 点 钟, 他 听 到
Shíèr diǎn zhōng, tā tīng dào
外 面 的 狗 叫。
wàimiàn de gǒu jiào.

三 点 钟, 他 听 到
Sān diǎn zhōng, tā tīng dào
街 上 有 一 辆 汽 车 开 过。
jiē shang yǒu yí liàng qìchē kāi guò.

五 点 钟，他 听 到
Wǔ diǎn zhōng, tā tīng dào
钟表 嘀 嘀 嗒 嗒 响。然后
zhōngbiǎo dīdī dādā xiǎng. Ránhòu
他 开 始 做 梦…
tā kāishǐ zuòmèng …

七 点 钟，他 听 到
Qī diǎn zhōng, tā tīng dào
妈 妈 叫 他 起 床。
māma jiào tā qǐchuáng.

醒 来 以 后，他 想
Xǐng lái yǐhòu, tā xiǎng
我 是 怎 样 睡 着 的 呢？
wǒ shi zěnyàng shuì zháo de ne?
还 是 不 知 道。
Hái shi bù zhīdào.

今 天 晚 上，我 一 定
Jīntiān wǎnshang, wǒ yídìng
要 看 看 我 是 怎 样 睡 着
yào kànkan wǒ shi zěnyàng shuì zháo
的。
de.

Silly rhymes

高高山上有一家
Gāogāo shān shang yǒu yì jiā

高高山上有一家，
Gāogāo shān shang yǒu yì jiā,

十间房子九间塌。
shí jiān fángzi jiǔ jiān tā.

老头子出来拄拐棍儿，
Lǎotóuzi chū lái zhǔ guǎigùnr,

老婆子出来就地儿擦，
lǎopózi chū lái jiù dìr cā,

看家的狗儿三条腿，
kān jiā de gǒu ér sān tiáo tuǐ,

捉鼠的猫儿没尾巴。
zhuō shǔ de māo ér méi wěiba.

上山
Shàng shān

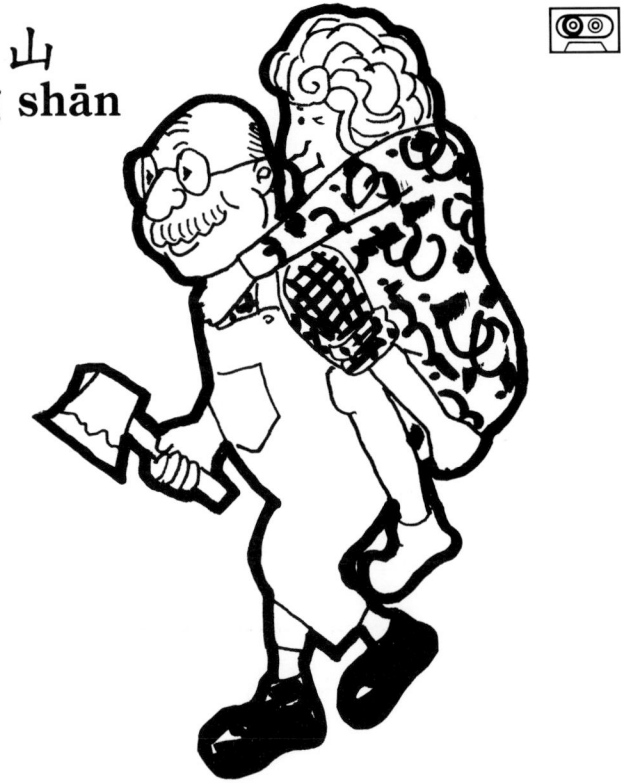

东山西山花儿开，
Dōng shān xī shān huā ér kāi,

老公背着老奶奶。
Lǎo gōng bēizhe lǎo nǎinai.

上山去砍柴，
Shàng shān qù kǎnchái,

摔个跟头起不来。
Shuāi ge gēntou qǐ bù lái.

剪羊毛
Jiǎn yángmáo

中文译词

Julia Fry

(Click Go the Shears)

羊毛工人站在工棚里，

Yángmáo gōngrén zhàn zài gōngpéng li,

紧紧握着锋利剪子。

Jǐnjǐn wòzhe fēnglì jiǎnzi.

看中光肚皮大绵羊，

Kàn zhòng guāng dùpí dà miányáng,

一把抓来，不放手，

Yì bǎ zhuā lái, bú fàng shǒu,

不呀不放手。

Bù ya bú fàng shǒu.

锋利的剪子 click click click,

Fēnglì de jiǎnzi

羊毛掉下象丝棉。

Yángmáo diào xià xiàng sīmián.

工头一看呀大吃一惊，

Gōngtóu yí kàn ya dà chī yì jīng,

比不上你，比不上你，

Bǐ bú shàng nǐ, bǐ bú shàng nǐ,

剪子好快哟！

Jiǎnzi hǎo kuài yo!

羊毛剪完钞票装袋里，

Yángmáo jiǎn wán chāopiào zhuāng dài li,

卷起那铺盖把路赶。

Juǎn qǐ nà pūgai bǎ lù gǎn.

开怀痛饮在那酒吧间，

Kāi huái tòng yǐn zài nà jiǔbājiān,

过路客人都请进来一起干一杯。

Guò lù kèrén dōu qǐng jìnlái yìqǐ gān yì bēi.

你 要 买 什 么？
Nǐ yào mǎi shénme?

〔对口快板〕

(A chant)

A: 你要买什么？想 要买什么？
Nǐ yào mǎi shénme? Xiǎng yào mǎi shénme?
要不要买电动车？
Yào bú yào mǎi diàndòng chē?

B: 电动车，电动车，要！要！
Diàndòng chē, diàndòng chē, yào! yào!

B: 你要买什么？想 要买什么？
Nǐ yào mǎi shénme? Xiǎng yào mǎi shénme?
要不要买网球拍？
Yào bú yào mǎi wǎngqiú pāi?

A: 网球拍，网球拍，要！要！
Wǎngqiú pāi, wǎngqiú pāi, yào! yào!

A: 你要买什么？想要买什么？
Nǐ yào mǎi shénme? Xiǎng yào mǎi shénme?
要不要买花风筝？
Yào bú yào mǎi huā fēngzheng?

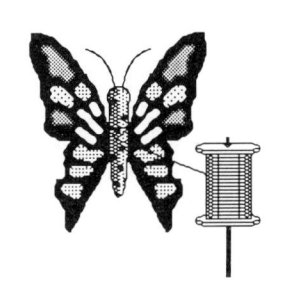

B: 花风筝，花风筝，要！要！
Huā fēngzheng, huā fēngzheng, yào! yào!

B: 你要买什么？想要买什么？
Nǐ yào mǎi shénme? Xiǎng yào mǎi shénme?
要不要买轱辘鞋？
Yào bú yào mǎi gúlu xié?

A: 轱辘鞋，轱辘鞋，要！要！
Gūlu xié, gūlu xié, yào! yào!

大卫写的信
Dàwèi xiě de xìn

- Read Dàwèi's letter to his pen pal Xiǎomíng in Beijing, describing his best friend.

亲爱的小明：
Qīnài de Xiǎomíng:

你好！谢谢你的来信。
Nǐ hǎo! Xièxie nǐde lái xìn.

告诉你一件事，我最好的朋友彼德下
Gàosu nǐ yí jiàn shì, wǒ zuì hǎo de péngyou Bǐdé xià

个月要去北京旅游。希望你能帮助他。
ge yuè yào qù Běijīng lǚyóu. Xīwàng nǐ néng bāngzhù tā.

彼德很好玩，也很棒。他爱开玩笑，
Bǐdé hěn hǎowán, yě hěn bàng. Tā ài kāi wánxiào,

爱运动。他会游泳，骑马，还会做风筝。
ài yùndòng. Tā huì yóuyǒng, qímǎ, hái huì zuò fēngzheng.

他是我们学校玩弹球的大王。他会说
Tā shi wǒmen xuéxiào wán tánqiú de dàwáng. Tā huì shuō

一点儿中国话。你一定会喜欢他的。
yìdiǎnr Zhōngguó huà. Nǐ yídìng huì xǐhuan tā de.

大卫
Dàwèi

94.6.23

Wang Xiaoming
201/26 Youyi Building
Fuxingmen Road
Beijing
People's Republic of China

BY AIRMAIL

平平的自传
Píngping de zìzhuàn

- Read Píngping's personal profile to find out about her home and family and her interests.

我叫 张平平。我家住
Wǒ jiào Zhāng Píngping. Wǒ jiā zhù
在广州。我们家有四口人，
zài Guǎngzhōu. Wǒmen jiā yǒu sì kǒu rén,
有爸爸、妈妈、哥哥和我。
yǒu bàba, māma, gēge hé wǒ.
爸爸是工人。妈妈是售货员，
Bàba shi gōngrén. Māma shi shòuhuòyuán,
哥哥是中学生。我家还有一只猫。它
gēge shi zhōng xuésheng. Wǒ jiā hái yǒu yì zhī māo. Tā
白天很懒，总是睡觉，可是晚上它很厉害，
báitiān hěn lǎn, zǒng shi shuìjiào, kěshì wǎnshang tā hěn lìhài,
经常抓到老鼠。
jīngcháng zhuā dào lǎoshǔ.

我家的房子不太大，有三个房间，
Wǒ jiā de fángzi bú tài dà, yǒu sān ge fángjiān,
有爸爸、妈妈的卧室和我的卧室。哥哥
yǒu bàba, māma de wòshì hé wǒ de wòshì. Gēge
睡在客厅里。
shuì zài kètīng lǐ.

我今年十一岁，上四年级。我是长
Wǒ jīnnián shíyī suì, shàng sì niánjí. Wǒ shi cháng
头发。我戴眼镜。我不爱说话，可是我很
tóufa. Wǒ dài yǎnjìng. Wǒ bú ài shuōhuà, kěshì wǒ hěn
和气，不爱吵架。我爱和朋友在一起。我
héqì, bú ài chǎojià. Wǒ ài hé péngyou zài yìqǐ. Wǒ
喜欢游泳、打排球。我也喜欢一个人看书。
xǐhuan yóuyǒng, dǎ páiqiú. Wǒ yě xǐhuan yí ge rén kànshū.
我长大以后要当医生，所以我要好好
Wǒ zhǎng dà yǐhòu yào dāng yīsheng, suǒyǐ wǒ yào hǎohao
学习。
xuéxí.

Discussion Pictures

在饭馆里 Zài fànguǎn li

庆祝儿童节 Qìngzhù Értóng Jié

在校园里 Zài xiàoyuán li

买 西 瓜 Mǎi xīguā

外宾来学校　Wàibīn lái xuéxiào

做 灯 龙 Zuò dēnglóng

在冷饮店 Zài lěngyǐndiàn

出去玩儿　Chūqù wánr

大扫除　Dà sǎochú

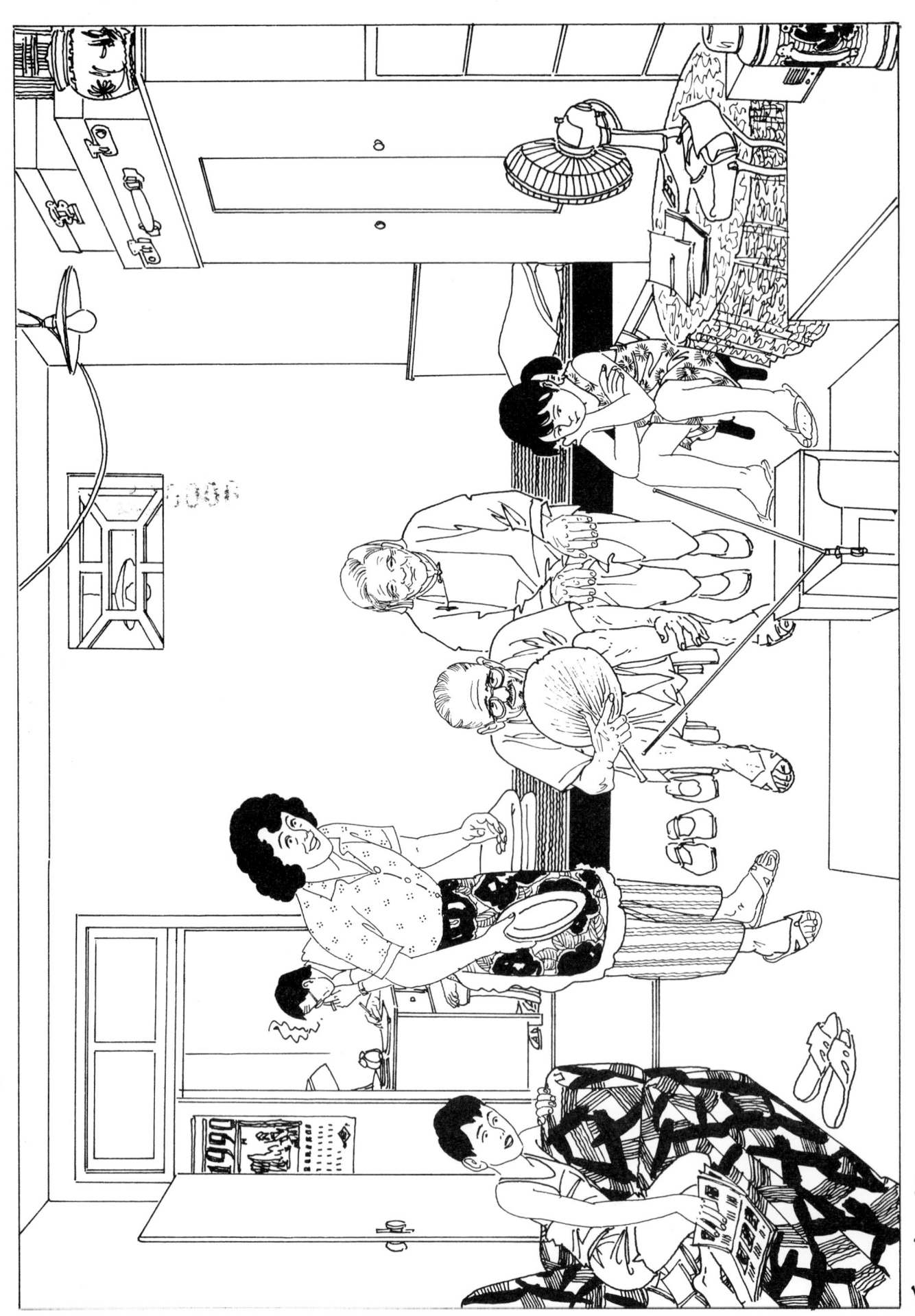

看 电 视　Kàn diànshi